孤独な発達障害者の日本紀行

解離(かいり)と嗜癖(しへき)

横道誠

Yokomichi Makoto

教育評論社

はじめに

人類は「脳の多様性」（ニューロダイバーシティ）を生きています。「脳の多様性」というのは、自閉症権利運動から出てきた用語で、いわゆる発達障害――精神医学の分野での正式名は神経発達症群――を、さまざまな脳のあり方の一様態として理解する考え方を指しています。この観点を取ると、発達障害者もそうでない人たち（定型発達者と呼ばれます）も、「脳の多様性」を生きているという見方が生まれます。前者は少数派、後者は多数派に属していて、それぞれニューロダイバージェント（またはニューロマイノリティ）およびニューロティピカル（またはニューロマジョリティ）と呼ぶことができるでしょう。そういう考え方が、発達界隈――発達障害の当事者、家族、専門家、支援者などが集まるクラスターないしコミュニティ――で広まりつつあります。

発達障害のひとつにあたる自閉スペクトラム症（ＡＳＤ）の罹患者は全人口の一パーセントくらい、別の発達障害のひとつにあたる注意欠如多動症（ＡＤＨＤ）の罹患者は全人口の三パーセントから五パーセントくらいと報告されていますが、発達障害の特性を持ちながらも診断には至らない「グレーゾーン」の人を含めると、全人口の一割くらいと言われることがあります。そうすると、ニューロダイバージェントとニューロティピカルの比率は一対一〇程度ということになります。一割というのは莫大な数です。日本だけで一〇〇〇万人以上のニューロダイバージェントがいるということになりますから。

注意すべきは、その一割の中身もきわめて多様だということです。自閉スペクトラム症は「スペクトラム」（連続体のこと）が疾患名に入っていることからわかるように、多様な現れ方をします。強烈なこだわりを持つ人が多いですが、何にこだわるかは人それぞれで千差万別です。コミュニケーションや社会関係の困難を付随しますが、どのような仕方でコミュ障なのか、また対人恐怖を持つのかも千差万別です。注意欠如多動症にしても、かつては「不注意優勢型」、「多動・衝動性優位型」、「混合型」と分類されていたことが示すとおり、やはり多様です。とてもぼんやりしている人もそれほどぼんやりしていない人もいて、わたわたと言動が慌ただしい人も、そんなことはぜんぜんない人もいます。また発達障害には、ほかに限局性学習症（学習能力が局所的に極端に低い）、発達性協調運動症（深刻な不器用や運動音痴）、吃音症、チック症などがあって、しばしば複数の発達障害が併発します。発達障害とは異なる精神疾患、たとえば適応障害、鬱病、双極症（躁鬱病）、パーソナリティ症、統合失調症、心的外傷後ストレス症などを併発している当事者は珍しくありません。

僕の場合には、上に挙げた自閉スペクトラム症と注意欠如多動症のほかに、（以下はいずれも診断されていませんが）発達性協調運動症と複雑性ＰＴＳＤ（長期的な虐待などによって複雑化した心的外傷後ストレス症）が併発し、限局性学習症、吃音症、チック症の傾向もあります。はじめは適応障害を診断されて、検査の結果、発達障害の二次障害だと判明しました。本書はそんな僕の生活世界を明らかにすることを目的としていますが、主導概念とする精神疾患に関係する用語は「解離（かいり）」と「嗜癖（しへき）」です。解離とは、自分が幽体離脱するような感覚を得たり、記憶がごっそり抜けてしまったり、人格が分裂したりといった精神現象で、現実と空想がいちじるしく混淆してしまいます。嗜癖とは依存症（アディクション）の対象となる物質や行動を指し、物質嗜癖としては酒や薬などが、行動嗜癖としてはギャンブル、セックス、窃盗癖、リストカットなどが挙げられます。僕は発達障害に由来する生まれつきの特性だけでなくて、この解離と嗜癖の要素によって、人生がかなり変わってしまったと考えていて、つらい記憶も多数あるのですが、他人事としてはおもしろいと感じやすい気がするので、僕の生活の一段面を見せるという仕方で今回読者のみなさんに情報提供する次第です。

本書の形式として採用したのは、紀行（旅行記）です。病気や障害の当事者が、その苦労の仕組みを仲間と協力して解明することで、苦労の扱いに長じるようになっていくという取りくみを「当事者研究」と呼びますが、その当事者研究の経験を、文学や芸術への関心を絡めて書いた僕の本『みんな水の中――「発達障害」自助グループの文学研究者はどんな世界に棲んでいるか』（医学書院、二〇二一年）を、精神科医の斎藤環さんは「当事者批評」と評してくれました。僕はこれがうれしくて、旅行記として変奏することもできるのではないかと考え、『イスタンブールで青に溺れる――発達障害者の世界周航記』（文藝春秋、二〇二二年）を書きました。青年時代の一時期によくやっていた海外旅行のかずかずを、発達障害の診断を受けたあとに、当事者研究の発想で捉えかえしていくと、どんなことがわかってくるか、というテーマを探求した本です。続いて刊行した『ある大学教員の日常と非日常――障害者モード、コロナ禍、ウクライナ侵攻』（晶文社、二〇二二年）も同じく当事者紀行を狙っていて、二〇二一年から二〇二二年にかけての一年間を描いているのですが、後半では長期の海外出張がおもな話題になります。『イスタンブールで青に溺れる』は訪れた場所ごとに記憶を集成したエッセイ集で、『ある大学教員の日常と非日常』は、海外出張の事前と最中と事後を連続的にまとめた統一的な読み物というように、ふたつの本は違ったスタイルで執筆しましたが、本書ではさらに第三の試みとして「国内編」をやってみたいと思うのです。前半の第一部には、コロナ禍による緊急事態宣言が発令されていた二〇二一年春に、在住する京都で実施した観光記録を載せています。後半の第二部には、これまでに訪れた国内のさまざまな街について、回想録を記していきます。なかには旅行記とは言いがたい記述も含まれていますが、楽しんでもらえれば、ありがたいです。

『みんな水の中』、『イスタンブールで青に溺れる』、『ある大学教員の日常と非日常』で実践した自分の感覚を文学作品を介して語らしめるという手法は、本稿でも踏襲しています。これは僕の感じ方や考え方の本質的な部分に結びついているからです。じつはこのやり方を僕は、研究対象のひとりにしている一八世紀のドイツの知識人ゲオルク・フォルスターの著作『世界周航記』から習いました。まだ少年だったフォルスターは、ジェイムズ・クックが率いる第二次世界周航に父と随行し、ういういしい感性をこの本に記録しています。そして、初めて見るヨーロッパ外に位置する新世界のかずかずを、繰りかえしヨーロッパの古典文学の枠組みで切りとろうとするのです（Forster 1965; 1968）。頻繁に古今の詩人や作家の作品が引用され、自分の感覚を代弁させます。それらは、ポストコロニアル批評と呼ばれる現代的な文学研究の立場からすれば、自身を「文明」と見なす立場からの「野蛮」と見なされたものへの一方的な切り取り方ということになるのですが——とはいえフォルスターは、新世界に対する自分のまなざしが虚構的だということにも自覚的だったと僕は考えていますが——、違った角度から見ると、それらは異質な価値観同士の独特な協奏として捉えなおすこともできると思うのです（横道 2020b, 117-118）。

僕は、このフォルスターの流儀を応用することで、僕というひとりの障害者の世界観を立ちあげようと試みています。観光地をさまざまに訪れて、そのつど心に浮かんできた文学作品の一節を記録し、場合によっては旅行を終えたあとに本を読んでいて、旅行中の出来事が回想されてくることもあるので、それも記録します。頭を掠める文学作品は、個々の観光地に関する固定的な通念にとって異質なことも多く、同業の文学研究者にはデタラメに見えるかもしれませんが、そして僕自身も長年自分はなぜそんなふうなのかと訝しく思っていたのですが、いまではこの感覚が「脳の多様性」をよく示しているのではないかと考えています。

第一部に記した京都観光は『みんな水の中』を脱稿したあと、二〇二一年春に実施したもので、『イスタンブールで青に溺れる』から取りくんでいった「当事者紀行」のプロトタイプとなった文章です。第一部の終局部につけた「旅を終えて」は、旅の数ヶ月後に書いた文章がもとになっていて、論文の一部だった文章を、本書のために新たに編集しました。第一部の導入部につけた「この旅について」は、本書のために書きおろしたものです。書いているときには意識しませんが、第一部は嗜癖についても書いているけれど、おもに解離した体験世界を示していると言うことができると思います。第二部は『ある大学教員の日常と非日常』よりもあとに書いたもので、現在（二〇二二年の冬）の僕が、訪れたさまざまな土地に関連づけながら、自分の人生を回顧しています。第二部は解離した体験世界も示しているけれど、おもなテーマは嗜癖と言えそうです。写真については、記述した旅に際して撮影したものもあれば、それ以外の機会に撮っていたものを使っている場合もあります。ただし金閣寺と清水寺本堂の写真に関しては許諾上の問題があり、筆者が撮影した写真のイメージに近いものをそれぞれの寺から購入し、掲載したことをお断りしておきます。第一部、第二部とも重い内容も含んでいますが、どうか読者のみなさんにとって得るものがありますように。

装幀・本文デザイン＝鳴田小夜子
装画＝山下雅己

解離と嗜癖

目次

第二部

全国・嗜癖・人生を振りかえって

第一部

京都・解離・コロナ禍

この旅について

二〇二〇年に入って、その前年に発生した新型コロナウイルスのCOVID-19が世界的な大流行を起こしはじめた。僕は二〇一九年四月に発達障害の診断を受けていたけれど、発達障害は投薬や手術によって完治させることはできないから、さまざまな情報収集を重ねた結果、コロナ禍が始まった頃には、救いを自助グループと当事者研究に見出すようになっていた。ふだんから自分自身の思考や言動を研究し、その過程と結果を自助グループのミーティングで発表し、参加した仲間から出た意見をフィードバックして、また仲間の場合の似た事例を参考にして、自己研究を深めていく。その当事者研究は、もともと研究者の僕にはピタッとはまった。僕は当事者研究の結果をまとめて論文を書き、その論文を発展させて『みんな水の中』に仕上げ、二〇二一年五月に出版した。

『みんな水の中』のための作業が二月に終わると、僕はすぐさまつぎのテーマを手探りした。第一の新テーマは医学書院のオンライン雑誌『かんかん！——看護師のためのwebマガジン』に連載した『発達界隈通信！』として現実化した。自分自身を徹底的に掘りさげた『みんな水の中』を書きあげたことに自信を得たし、それが広く読まれることを望んではいたものの、おそらく読者のうちには「発達障害者とは横道誠みたいな人」と考える事例も多く出てくるはずと予想された。それでは「脳の多様性」への理解が損なわれてしまう。それで、僕は一口に発達障害者と言っても、特性の現れ方や人柄と人生はきわめて多様だということをも伝えたくて、「発達界隈」の仲間へのインタビュー集を企画したのだった。それが『発達界隈通信！』で、この連載は四ヶ月ほどハイペースで続いたのだけど、単行本は紆余曲折あって、二〇二二年七月に本書と同じ教育評論社から刊行された。僕自身が書いた味わいはへなちょこながらオールカラーで美しいイラストがたっぷり掲載された本だ。

第二の新テーマは、僕が主宰する自助グループでやっている当事者研究やオープンダイアローグ風の対話実践を紹介するというもので、発達障害者以外の人々の困りごとにも向きあっていたので、自分研究に向かった『みんな水の中』とは逆のベクトルをめざすという点では、『発達界隈通信！』に通じるところがあった。このテーマを現実化した第一段階は、前述した『かんかん！』に「横道誠の当事者研究体験ゲーム」として掲載された。当事者研究のミーティングがどんなふうにやられているかをゲームブックの方式で楽しめるものだ。示された選択肢を選んでいくことで、物語の展開が変化して結末も変わってくる。のちに、ここに書いた内容を発展させて、『唯が行く！――当事者研究とオープンダイアローグ奮闘記』として金剛出版から二〇二二年一月に刊行した。小説、講義、マンガ、詩、落書き、ゲームブックなどのいろんな形式に挑戦した本だ。

第三のテーマが、旅行だった。僕はふだんから散歩しているだけでも、思考があちこちに飛躍していくし、旅行をすると刺激される対象が多いから、ますますそうなる。その記録や記憶を当事者研究の観点から解釈しなおすと、新しいジャンルを開拓できるのではないかと思いついたのだ。僕はこの閃きに興奮しながら、二〇年以上も住んできた京都をあえて観光してみようと考えた。旅行は四回に分けて実施し、二月に始めて四月に終えた。ただし、当時の僕には自分のやっていることを明確には言語化できなかった。できるようになったのは、二〇二一年六月に斎藤環さんが『日本経済新聞』に書評を書いてくれて、『みんな水の中』を「当事者批評」と命名してからだ。それで僕は、自分が最近京都でやったのは「当事者紀行」なのだと遅まきに気づいたのだった。以下の内容はその記録を、細部の修正を除いて、原則として修正せずに示している。当時の暗澹として不安な心情がなまなましく露出しているように思うのだが、僕自身の典型的な体験世界なので、掲載してみたい。

第一章　京都（一日目）

二月下旬のある日、起床した僕はいつもどおり「水中世界」の内側にいる。僕がなぜ「水中世界」にいるのかついては、拙著『みんな水の中』をご覧いただきたいところだが、簡単にまとめれば、それは自閉スペクトラム症、注意欠如多動症、発達性協調運動症、そして解離（現実と幻想の融合）の結果と考えられる。

トイレに行き、歯を磨き、レトルトの米飯を温め、炒り卵を作る。レトルトの米飯と炒り卵は、一週間の朝食のうち五食は食べている。ＤＳＭ－５（『精神疾患の診断・統計マニュアル』第五版）でＡＳＤの診断基準にも挙げられている偏食傾向の典型例だ。お好み焼きに至っては、現在一週間に一〇食は食べている。つまり二食に一食はお好み焼きなのだ。さすがは大阪出身者と言えるだろうか。

食べ終わったあとは、コーヒーを淹れる。嗜癖への依存傾向が強いことも、発達障害者に特徴的と言える。社会が僕たち少数派のことを考えて設計されていない点に原因がある。社会がもっと少数派のことを考えて作られていたら、それはふわふわのクッションのように僕たちを受けとめて、僕たちは嗜癖に依存する必要がなくなるだろう。

寝転び、コーヒーを飲みながら秋草俊一郎の『「世界文学」はつくられる』を読む。今年開催される国際独文学会（ＩＶＧ）の口頭発表に使うために、あちこちのページに印を付けていく。コロナ禍によって多くの国際学会がオンライン化しているので、できるだけいろんな国際学会に参加して発表しておこうと僕は考えている。

しばらくすると立ちあがって、家を出る。マンションを出て東進する。残念なことに、この一帯の街並みはつまらない。かつてベルリンに住んでいたとき、その街も凡庸な街並みだと思って暮らしていたのだけれど、それでもそこには旧東ドイツの日常の名残とでも呼びうる何かが残されていた。それに比べて、日本の通常の市街地の景観には、何かの名残と呼びうるものが残されているだろうか。

最寄りのバス停「金閣寺道」で右折し、先に進んで金閣寺の敷地に入ってゆく。九時の開門まであと五分ほどだ。先頭は僕。コロナ状況下でなければ、こんな体験はなかなか得られないだろう。

いざ入場して観た金閣はおもちゃのように燦然（さんぜん）としている。この建造物を初めて観たのは、二〇一七年。あと一年でこの街に住んで二〇年になるのに、観たことがないのは寂しいかもしれないと考え、訪問した。あのころは岩倉（左京区）の閑散とした地域に住んでいて、この付近の観光客の多さに辟易した。

しばらくまえに読んだ内海健の『金閣を焼かなければならぬ——林養賢と三島由紀夫』が頭をよぎる。「黄金」と三島由紀夫の「右」のイメージから、大江健三郎の「セヴンティーン」も想起されてくる。

おれは十万の《左》どもに立ちむかう二十人の皇道派青年グループの最も勇敢で最も兇暴な、最も右よりのセヴンティーンだった、おれは深夜の乱闘で暴れぬきながら、苦痛と恐怖の悲鳴と怒号、嘲罵の暗く激しい夜の暗黒のなかに、黄金の光輝をともなって現れる燦然たる天皇陛下を見る唯一人の至福のセヴンティーンだった。（大江 2018, 44）

金閣寺（提供：鹿苑寺）

背景の北山を見て、今度は『万葉集』に収められた持統天皇の歌を思いおこす。

北山にたなびく雲の青雲の星離れ行き月も離れて（佐竹ほか 2013, 160）

この歌の「北山」は金閣寺周辺の北山をも、勤め先の大学がある北山駅周辺をも意味していない。奈良で詠まれた歌だ。だがむかし読んだ注釈には「飛鳥には北山と称すべき山がない上、下二句も意味不明」とあった（佐竹ほか 2013, 161）。星と月が地球――当時は球形とは考えられていなかったはずだが――から離れていくように感じられたという宇宙感覚の歌だろうか。

ＡＳＤ者は、内受容感覚に鈍感な傾向があると言われていて、僕もその例に漏れない。尿意や便意がわかりにくいため、念のためトイレで用を足しておく。ところが、そこから出てきた僕は、気がつくと自動販売機でロッテの飲むアイス「クーリッシュ」を購入していた。寒い季節に、ラクトアイスを吸う。季節の変化に囚われにくいのもＡＳＤ者の特徴だ。

石畳の道が歩きづらいと思う。子どものときは、このような道は桂馬跳びで歩きたがったものだ。ＡＳＤのいわゆるこだわり行動。いまはその衝動を制御できているけれど、代わりに歩きながら足首をコキコキ回してしまう。子どものときにはチックが酷かったが、それがこういう形でピンポイントに残ってしまったような気がする。

バス停「金閣寺道」に戻って気がついたのは、京都市内では珍しく、ここにゴミ箱が置かれているということ。観光客の増加が、ゴミ問題をもたらしたのだろうか。僕は「クーリッシュ」の容器をゴミ箱に突っこみ、イタリア語で〈arrivederci〉、つまり「さようなら」と言った。

北大路通りを西進し、千本北大路の交差点を渡って南へ進路を取る。このあたりを歩くのは初めてだ。珍しく地下道があるのに気づく。村上春樹について論文を書いたことがある僕は、彼の小説によく出てくる地下世界を連想する。その地下道に入れば、出てきたあとは、この世が「1Q84年」や「世界の終り」になっている。そんなことがあったら楽しいなと思い、笑ってしまう。人が見たら不気味と感じるだろう。

インターネットで検索すると、このあたりが「楽只(らくし)地区」という、京都でも有名な同和地区のひとつだという情報が出てくる。千本北大路の交差点の北西に、人権資料を展示した京都市の施設「ツラッティ千本」があるという情報もある。毎日のように歩いている場所なのに、気づかないものだなあ、と感嘆する。その施設がまもなく少し南東に移転するらしいと知る。

大徳寺へと続く石畳の道を歩くと、ブリュッセルの街中のことを思いだされる。旅行用のトランクを押しながらごろごろと道を歩いた記憶が、頭の片隅にカサカサとうごめいて

大徳寺金毛閣

いる。ごろごろ、カサカサと記憶が揺れる。さらに歩くと孤峰庵があり、それを築いた小堀遠州（政一、1579-1647）と、遠州を称えたブルーノ・タウトの水墨画帖が頭をよぎった。いつかなかに入ってみたいものだ。

大徳寺の竹林を抜けて左折し、大徳寺の塔頭のひとつ、芳春院の見物に出かけるが、行ってみると、この時期は非公開とのこと。そのなかの昭堂は呑湖閣と呼ばれ、金閣、銀閣、西本願寺の飛雲閣と並んで京の四閣と呼ばれているらしいから、興味があった。また公開される時期に再訪するしかない。僕の行動を、人は行きあたりばったりと考える。

南に歩いて三門の金毛閣を見あげる。千利休が自分の像を置いて参拝者を自分の足元をくぐらせてしまった。自分や天皇に対して無礼であると豊臣秀吉が怒って、利休の自死を招いた場所がここだ。利休の鬼気迫る遺偈と辞世の句のすばらしさ。

人生七十、力圍希咄、吾這寶劍、祖仏共殺
提ル我得具足の一太刀、今此時ぞ天に抛（井口ほか 1969, 55）

「じんせいしちじゅう、りきいきとつ、わがこのほうけん、そぶつともにころす」。「ひっさぐる、わがえぐそくの、ひとつたち、いまこのときぞ、てんになげうつ」。これ以上に迫力のある辞世の歌がほかにあるだろうか。

以前、大徳寺の少し北に住んでいたことがあって、この寺にも何度か訪れたのだが、茶の湯にゆかりのある武将の墓が多くあって興味深く感じた。勤め先のすぐ近くには、そのような武将のひとり、古田織部の美術館が建っていて、この大徳寺からも遠くない。またいつか訪れようと思う。利休、織部、遠州が愛用した茶器は、ときにはミニマリスティック、ときにはマニエリスティックで、彼らの前衛性に心がときめく。

バス停に向かって歩きながら、iPhoneで『カンボジアン・ロックス』を聴く。一九六〇年代から一九七〇年代のカンボジアのガレージロックやサイケデリックロックの曲を集めた名盤。京都を歩きながら、五〇年前の東南アジアやポルポト政権に思いを馳せるのも乙なものだ。カンボジアのロック、エチオピアのジャズ、イランの電子音楽、アフリカの童謡といった不思議な音楽を、僕は大いに愛好している。

バス停「大徳寺前」から二〇五号系統に乗って「下鴨神社前」まで行き、降りて下鴨神社に向かう。『カンボジアン・ロックス』を聴くのをやめて、糺（ただす）の森の空気にひたる。空気が光の綾を織りなす緑色に染まっている。頭上を仰ぐと、バチカン宮殿のシスティーナ礼拝堂を思いだす。左右の樹木が中央に向かって天蓋を作っているような印象があるためだ。

糺の森を出た僕は、藤村美樹が歌う「夢・恋・人。」を聴く。松本隆が作詞し、細野晴臣が作曲と編曲を担当した昭和歌謡の名曲。レトロなものを嗜好するのは、発達障害によくあること。周囲の空気を読めない（あるいは読まない）傾向があるため、自分の同時代の流

この経路の途中で見られる
北大路橋からの賀茂川への景観

行に冷淡になりやすい。未来の流行にはまることは原理的に不可能なため、過去の流行にすっぽりはまる。

出町柳の河合橋から北側の高野川を眺めて、北園克衛が『白のアルバム』に収めた「薔薇の3時」の一節を思いだす。

水の光り水の光り水の光り水の光り水の光り
水の光り水の光り水の光り水の光り水の光り
水の光り水の光り水の光り水の光り水の光り
水の光り水の光り水の光り水の光り水の光り
水の光り水の光り水の光り水の光り水の光り
水の光り水の光り水の光り水の光り水の光り
水の光り水の光り水の光り水の光り水の光り

（北園 2017, 58）

出町柳から東に進み、百万遍交差点に出る。少し南にある京大生協の「カフェテリア・ルネ」で食事をしたかったが、閉まっていたので仕方がない、近くのローソンでアイスクリーム「パルム」を買って食べる。こんな寒い日にアイスクリームばかり食べなくても良いのに、と自分で自分をおかしく感じながら、百万遍交差点から東の坂を登ってゆく。この道は京都大学の大学院に通っていたころ、毎日のように歩いた道だ。体がすっかり重くなったため、そのうちファスティング（断食）に取りくみたいという着想が湧く。

坂を登りきったところにある白川通今出川の交差点の北東には、かつて新刊書店があった。古書も文房具も売っている古い運営形態で、一時期は毎日のように通ったため、懐かしい。失われたものを愛惜するのは定型発達者も発達障害者も変わらないが、同一性保持への固執という特性を持つＡＳＤ者は、その傾向がより強い。あの書店のめきゃめきゃした雰囲気に思いを馳せる。

東の銀閣寺道を進んでいく。哲学の道の北端で、小学校高学年の団体に遭遇する。遠足だ。みんな空色のジャージを来ていて、イスラエル、フランス、アメリカ合作の映画『迷子の警察音楽隊』みたいだ。子どもたちよ、砂漠地帯まで歩いていって、軽やかな音楽を演奏してくれたまえ。

哲学の道も大学院生のころは毎日のように歩いていたが、銀閣寺を参拝するのは今回が初めてのこと。入場してすぐ眼の前に銀閣があるのは予想外だった。池のまわりを歩き、桂離宮の回遊式庭園を思いだす。一日に金閣と銀閣を観たのはとても贅沢なことではないだろうか。
それにしても寒い。寒いからロジャー・C・マツオ・アラードの寒そうな俳句を思いだす。

an icicle the moon drifting through it (Kacian 2013, 80)

訳せば、「一本の氷柱があって月がそのなかを漂っている」だろうか。もっと俳句らしく訳せば、「表面を月が移ろう氷柱かな」。

道を戻って哲学の道を南下。傍らを流れる琵琶湖疏水が、一〇年以上前の記憶をくすぐる。初夏の夜にはよく、このあたりで蛍が飛ぶのを見ながら帰宅した。あのころは毎晩のようにこの道でストーカー行為を受けていた。

ふと、ヴェルナー・ヘルツォークの映画『アギーレ／神の怒り』が頭にひらめく。終幕近く、アマゾン川をくだる筏の上で、クラウス・キンスキーがドスの効いた声で発話し、小さな猿たちが跳ねまわる。ポポル・ヴーの音楽が踊る。しかし、このあたりでよく見かけるのは、猿ではなくて猫だ。

途中の道を右折して書店の「ホホホ座」に寄る。寄るたびに、北白川通にあった前身の

「ガケ書房」を思いだす。壁から車が突きでている外装が伝説的だった。ここの主人が、あれを若気の至りだったと回顧するインタビューをどこかで読んだことがあるが、多くの人の心に星屑の煌めきのように残っている情景だ。

　平凡社ライブラリーの『病短編小説集』を買おうかどうかと悩んだものの買わず、店を出て鹿ヶ谷通に入り、南下。かつて下宿していた寮のごく近所にあたる。第三錦林小学校が右側の視界で流れてゆく。沢田研二はこの学校に通っていた。沢田のヒット曲「勝手にしやがれ」や、彼が主演した映画『太陽を盗んだ男』をこよなく愛する僕にとって、一種の「聖地」だ。頭のなかで「ジュリー、ジュリジュリー、ジュリジュリジュリー」と呟きながら歩く。なぜ口に出さないかというと、他人に聞かれると恥ずかしいからだ。

　なお南下して永観堂を過ぎる。秋の名所として有名な場所だから、「たまには普通の人っぽいことをするか」と思って、紅葉を観にきたことがあった。今回は南禅寺三門を観に行って、その前にある石段に腰をかけて、しばらく休憩する。次第に、わざわざ持ってきた上出遼平の『ハイパーハードボイルドグルメリポート』を読みたくなってくるから、取りだす。アフリカの中部および西部の伝統的な主食「フフ」についての記述。フフとは、キャッサバなどから作る餅のような食べ物らしい。

> 見るからにふるふるぷるぷるとした出来立てのフフは枕にしたら最高の寝心地を提供してくれそうで、眼が覚めるたびにちぎって食べたくなるような、そんなやつだった。〔…〕奥さんは巨大まんじゅうのようなフフを、時折手を水で冷やしながらソフトボール大にちぎり、小さな洗面器に取り分けてペシペシと叩いた。表面が平らになると、取り出して大きな洗面器の縁の上にそっと乗せ（ママ）る。それを繰り返して、巨大洗面器の真ん中に大フフ、その周りを囲うように小フフが並んだ。（上出 2020, 111-112）

本を閉じて「フフフ」と笑う。「フフフフ、フフ」。

南禅寺参道を進み、「歴史的風土特別保存地区」の立て札を眼にする。京都でこの立て札が立っている場所は、抜群の環境を維持している。そのせいかもしれないが、僕はほとんど夢を見ない——正確に言えば、見た夢を起床後まで記憶できないということ——のだが、このあたりは何度も夢に出てきた。ほかによく出てくる土地は、東京にある中野ブロードウェイで、夢のなかで僕はそこをいつもヴァルター・ベンヤミンの『パサージュ論』を思いだしながら歩いている。

琵琶湖疏水記念館の前の池をまぶしく見つめる。からだが透明にほぐれていくような気がする。さらに進んで東大路通に出て、バス停「東山仁王門」から市バス二〇六号系統に乗って帰宅。バスのなかではA-Musikの「エクイロジュ」を聴く。チリの革命運動で歌われた「不屈の民」を大正琴で劇的に演奏している。この曲は大学院生の一時期、憑かれたようによく聴いたのが懐かしい。YOASOBIが少し前に発表した曲「怪物」も聞く。この曲も異様に中毒性が高い曲だ。

帰宅した僕は寝転んで、体全体を使った貧乏ゆすりを何時間も続けた。ASDのこだわり行動だが、ストレスを除去し、「地獄行きのタイムマシン」を抑止する効果がある。『「世界文学」はつくられる』の続きを読みながら、僕はいつまでも全身の震えに身を預けた。

第二章　京都（二日目）

三月上旬から中旬のあいだに、予定がなく晴れた日が訪れたため、京都観光の第二回を実施した。

眠っているときは「水中世界」に没入している気もするし、「水中世界」から解放されている気もする。確実に言えるのは、目覚めた時点で「水中世界」に沈んでいるということだ。もっとも、これは僕でなくても多くの人がそうかもしれない。僕の特徴は、覚醒しても「水中世界」にいるということだろう。

布団のなかで覚醒度を高めながら、劉慈欣『三体』で描かれた「再水化」のことを考える。この作品では、人間は脱水されて巻物のように丸めたり、水に浸して復元したりすることができる。

> ヒトの布きれは、それぞれすぐに水を吸って膨張し、厚みを備えたみずみずしい肉体へとじょじょに変化していった。これらの肉体はすぐに生命の息吹をとりもどし、それぞれ先を争うようにして、腰ほどの深さの湖から二本の

足で立ち上がる。彼らは夢からはじめて覚めた人間のような目で、この風と美しい世界を凝視している。／「再水化！」ひとりが声高に叫ぶと、すぐにまたべつの歓喜の声があがる。／「再水化！　再水化！」／彼らは湖の中から岸へと駆け上がり、素っ裸のまま乾燥倉庫へと走り、兵士たちと一緒に搬出作業に加わった。さらに多くの皮の巻物が湖の中に投げ込まれ、再水化して復活した人の群れがまた湖の中から走り出てくる。同様の光景が、もっと遠方にある湖や池でも見られた。世界が復活したのだ。（劉 2019, 120-121）

この日の数日前に、勤め先で重苦しい状況を経験したため、僕の心はうつろになっていたが、観光によって心の回復ができれば良いと期待した。

ぼんやりした頭で市バス二〇六号系統に乗ると、僕が「地獄行きのタイムマシン」と呼ぶフラッシュバックが押しよせてくる。一〇代のころにテレビアニメ『新世紀エヴァンゲリオン』を観た際、主人公がよくフラッシュバックを起こすのを観ながら、あまりにも自分と同じだったのだが、そのような体験は誰にでもよくあることなのだと考えた。しかし僕の場合は、ＡＳＤの特性や複雑性ＰＴＳＤの症状としてそれが起こっているのだということを、いまは知っている。

頭のなかではさまざまな記憶が明滅している。子どものころの宗教虐待（スピリチュアル・アビュース）、青年期のさまざまな苦難、最近数年間のさまざまな苦しかったこと。この数日は料理をするたびに包丁を首の頸動脈に突きたてようかと悩んでいる。

前回の観光を終えたあたりから旅程を再開しようと考えて、バス停「東山二条・岡崎公園口」で降りて東へ歩く。進んでいくと左に平安神宮、正面に京都市動物園、右に京都府立図書館が見える交差点に辿りついたので、そこを右折する。ヴォルフガング・ベッカーの映画『グッバイ、レーニン！』（二〇〇三年公開）の一場面が想起されてくる。主人公アレックスが、友人のデニスから自作の映像を見せられる。スタンリー・キューブリックの『2001年宇宙の旅』の冒頭に、スペースシャトルが国際宇宙ステーションに吸いこまれていく場面があるが、デニスはそれをパロディにしたホームムーヴィーを作って悦に入っている。ベッカーとキューブリックの両方の映画で使用されていたヨハン・シュトラウス二世の『美しき青きドナウ』が僕の頭でも流れる。

僕は授業で映画『グッバイ、レーニン！』を多用してきた。以前は、なぜ自分がこの作品に執着するのか自分でも不思議だったが、いまでは理由のひとつがASDだとわかる。ASDがあると、ASD者同士では共感の仕組みが自動的に発生するものの、全人口の九割以上を占める定型発達者とのあいだには、それが生まれない。そこで僕は、自分が発達障害者だと気づくまえから、他者の表情、話し方、挙動などを緻密に観察する力を磨いてきた。『グッバイ、レーニン！』は、登場人物の表情、話し方、挙動などから、物語の裏面を理解できるというトリック映画として構成されている。この映画を解読するときには、僕は自身の能力を最大に活用できるし、それを言語化することで効果的な教育を施すことができる。そういう魅力的な教材だったわけだ。

フラッシュバックを止めるために、ドゥニ・ディドロの『ダランベールの夢』について考える。一八世紀のヨーロッパではヒドラなどの刺胞動物のポリプが分裂生殖する様子が知識人の好奇心を掻きたてていた。また多くの知識人が、太陽系の別の惑星に知的生命体が実在すると考えていた。こうした知的文脈に立って、ダランベールは眠って夢を見、それを女性が報告する。

> 木星か土星に人間ポリプがいる！　オスたちは分解してふたたびオスたちに変成し、メスたちも同様だ。おもしろいものだ。(Diderot 1965, 79)

ポリプや分裂生殖のことを考えるのは、僕が自分の体を透明なものと考える傾向に関係しているだろう。

三条通に出て右折し、直進するが、「地獄行きのタイムマシン」は止まらない。『エヴァンゲリオン』で、人類は液体状に融合し、より完全な生物として「補完」されるというユートピア的ディストピアが示される。『ダランベールの夢』では、人間が、切断すると分裂して増殖する群体ヒドラになれば理想的だという見解が語られる。いまの僕には、それらの幻想がとても身近に感じられる。だが、それは人間が実際にそうなれば良いと望んでいることを意味しない。

三条大橋

川端三条に近づき、人口密度が一挙にあがる。三条大橋を渡る。以前、夜にこの橋の擬宝珠（ぎぼし）を撮影したことがあった。自分から放射状に宇宙まで広がる空間全体が、グニャグニャと変形しそうな気配を感じる。京都ＢＡＬの丸善京都本店に入ろうかと考えたがやめておく。雑踏を歩きながら、ローベルト・ムージルの『特性のない男』で、主人公ウルリヒが屋敷の窓辺から群衆のデモを眺めた場面を思いだす。

> 自分が小さな舞台のようなものの前方の縁に立ち、外側にはもっと大きな舞台があって、そこで事態が進んでいた。両方の舞台は、そのまんなかに自分が立っていることを放っておいて、独特な仕方で融合していた。すると、彼が背後に感じていた部屋の感じが、収束してゆきながら反転し、室内から屋外へと流れ、彼を貫通したり、彼の輪郭をやわらかく撫でたりした。「怪しい空間の反転だな」とウルリヒは考えた。人々は彼を超えて背後へと去ってゆき、彼のほうは人々を貫いて先にある無へと到着していた。(Musil 1978, 632)

自分を軸として、その前と後の空間が奇妙な仕方で結ばれるというイメージ。繁華街にいると、人々のわらわら歩いている様子から、まるで街が発酵して泡立っているようだと感じる。粟田信の奇書、『発酵人間』が頭をよぎる。

このあたりには、おもしろい区画がたくさんある。寺町通、新京極通、木屋町通、先斗町（ぽんとちょう）、錦市場、高瀬川、四条通、祇園。京都に住んでいる二〇年ほどのうちに、この付近は何度も探索してきた。京都はどの地域でも有名な史実が幾重にも重なった巨大なミルフィーユのような街だが、繁華街は賑やかなだけに、過去に思いを馳せると、現在との対比でとくにおもしろい。

清水寺本堂の舞台を眺める（提供：清水寺）

四条烏丸（しじょうからすま）で左に折れて祇園の一帯を抜け、突き当たりの八坂神社まで進む。ここにはフィールドワークの授業で来たことがあった。スサノオノミコトとインド神話の牛頭天王の関係は、比較文化論の題材として取りあげやすい。

　南に進んで左折し、清水道を進む。息が切れて、コロナ対策のマスクを鬱陶しく感じる。『2001年宇宙の旅』の球体に包まれて宇宙空間を浮遊する赤ん坊や、エヴァンゲリオン初号機が暴走したり覚醒したりする場面が頭をよぎる。きょうはこのふたつの映像作品にとても囚われている。

　清水寺に入って、本堂の舞台に行く。中学生の団体が遠足に来ていて、賑やかにしている。走りまわる生徒もいて、危なっかしい。それを見ているうちに、僕は知らず知らずに、グリム童話の「めんどりが死んだ話」を思いだした。メンドリ、六匹のネズミ、藁、炭、キツネ、オオカミ、クマ、シカ、ライオン、オンドリが道中で続々と死んで、全滅に終わる。締めくくりの言葉を思いだす。

und da war alles todt.（Grimm 1812, 360）

「そうして全員、死んでしまいました」。しかし、そんな不吉な連想が閃くこと自体が僕の調子の悪さを示している。そこで思考を転回するべく吉岡実が『夏の宴』に発表した詩「円筒の内側」を思いだす。

「璧を通して／青空が見える家」／からぼくは旅に出る／桜並木の長い道がつきたところで／（点滅信号）を仰ぐ／其所から／「氷河が溶解し／世界の洪水がはじまる」（吉岡 1996, 532）

もうすぐ桜の季節だ。少し移動して、先ほどの舞台を横から眺める。見事な眺望。道をくだってゆき、本堂舞台下から仰ぎ見る。こうして見ると、本堂はまるで聳えたつ木製の巨人のようだ。釘を使わずにこれを組みあげたことに畏敬の念を覚える。「世界最古の木造建築物」という売り文句が脳裏に浮かぶが、それは奈良の法隆寺だろう。

バス停「清水道」から市バス二〇七号系統で「東福寺」へ。ここに来るのは初めてのこと。東福寺の周囲は、時代劇のオープンセットを連想させる。二〇一四年、伊勢・安土桃山文化村（現・ともいきの国　伊勢忍者キングダム）に行き、安土城模擬天守に登った。あれはいかにもキッチュながら、楽しい体験だった。

東福寺の本堂に入って、本坊庭園を見にいく。作庭家の重森三玲が、鎌倉期の質朴な風格を基調とした枯山水と西洋近代の抽象芸術を総合して作った庭。一〇年以上前にニューヨークのイサム・ノグチ美術館を訪れたときのことを思いだす。和風と洋風の優雅な総合。僕はヘラクレイトスによる地水火風の万物流転の自然哲学を重ねあわせる。テュロスのマクシモスが伝えたものだ。

> 火は土の死を生き、空気は火の死を生き、水は空気の死を生き、土は水の死を生きる。（日下部 2000, 325）

東福寺では、開山堂の伝衣閣（でんねかく）に訪れてみたかった。伝衣閣は金閣、銀閣、飛雲閣、呑湖閣（どんこかく）と合わせて「京の五閣」と呼ばれることがある建物。しかし近くの建物が工事中で、このときは開山堂への道も通行できなくされていた。僕の行きあたりばったりの行動が、またしても明らかになる。

外に出ると、徒歩一五分で伏見稲荷大社に着くという案内が眼に入る。しかし、きょうはやめておくべきだろう。あそこに行ったら、延々と山道を登る羽目になる。いまの体力では、それは無謀すぎる。

バス停に向かいたかったが、僕は方向音痴だから、うまく見つけられない危険性が高い。そこで標識があってわかりやすいJR東福寺駅をめざす。その駅から京都駅まではあっという間だ。でも電車の本数が少なく、しかも遅延していて電車はなかなか来ない。僕はTwitter（注：本書刊行時点ではX）を見て時間を潰していた。

京都駅に着くと、新幹線に誘われる。久しぶりに東京に行きたい思いが湧く。『シン・エヴァンゲリオン劇場版:||』に出てきた山口県の宇部新川駅に行って、庵野秀明のファンとして「聖地巡礼」をするのも楽しそうだ。

駅構内を出て見あげると、京都タワーが屹立している。約一ヶ月後の四月二日には自閉症世界啓発デーが来て、ライトブルーに光る。この塔を見るたびに、ベルリンのアレクサンダー広場にあるテレビ塔を思いだしてしまうが、デザインはあちらのほうがはるかに良いし、ランドマークとしても成立していると思う。

市バス九号系統に乗って「西本願寺前」へ移動。ここも初めての場所。入り口をくぐる

西本願寺阿弥陀堂

なり阿弥陀堂の威容に感動し、開祖の親鸞の言葉を思いだす。

涅槃をば滅度といふ、无爲(むい)といふ、安樂といふ、常樂といふ、實相といふ、法身といふ、法性といふ、眞如といふ、一如といふ、佛性といふ、佛性すなはち如來なり。この如來微塵世界にみちみちてまします、すなはち一切群生海の心にみちたまへるなり、草木國土ことごとくみな成佛すととけり。(眞宗聖教全書編纂所 1940,630)

圧倒的なものを観たときに、その歴史背景に思いを馳せ、その宗教性に意識が及ぶことは珍しくない。しかし、僕にとって宗教絡みのことがらは、しばしば苦痛や嫌悪感となって迫ってくる。だから僕はここでも、深入りをしないことにした。「地獄行きのタイムマシン」を発動させないようにするのだ。

ここにある飛雲閣は、金閣、銀閣とともに「三閣」と呼ばれる。来て初めて、それを見物するには予約が必要だと知る。自分を行きあたりばったりとなじるのは、もう三度目だ。結局のところ、「京の五閣」のうち、拝観できたのは金閣銀閣の「二閣」のみだった。そのふたつで充分すぎるとも言えるのだが。

さきほどと同じ系統の市バスに乗って北大路堀川に行く。移動中はスティーナ・ノルデンスタムのウィスパーボイスの曲を聴く。米津玄師は彼女の音楽を好きだと語ったが、それよりずっとまえから僕は彼女の曲の熱心な聴き手だった。米津もＡＳＤ者だと告白しているが、やはり嗜好が似た方向に向かいやすいのだろう。

北大路通りを東へ歩いて、途中から南下して銭湯の「船岡温泉」に行く。京都の有名な銭湯だ。外装と着脱場の内装がレトロだと大いに評判を呼んできたが、浴室自体はごく普通の銭湯。銭湯はいま四三〇円になっている（注：本書刊行時点では四九〇円）。僕は湯と冷たい水に何度も交互につかって、自分がシダ植物になるのを感じた。

銭湯から出てくると、外は暗くなりはじめていた。しばらく歩いていると家につく。途中に立つローソンの前を通るときに、最果タヒの詩集『恋人たちはせーので光る』のなかの詩、「0時の水」が頭に閃く。

本当は、わたしも海を泳いでいるし、／光の筋をひろいながら、夜の音を聞くことができる、／そう思いながら深夜のコンビニから、外の景色を見つめていると、光が、生き物のよう。（最果 2019, 88-89）

帰宅して、数日前から四半世紀ぶりに見直している『新世紀エヴァンゲリオン』（テレビシリーズ全二六話）の続きを一話だけ見た。数日後、これを見終わったら『新世紀エヴァンゲリオン劇場版Air/まごころを、君に』を、さらに『ヱヴァンゲリヲン新劇場版』の「序」、「破」、「Q」を順に観ていき、『シン・エヴァンゲリオン劇場版:||』を再鑑賞する予定だ。

第三章　京都（三日目）

三月下旬になった。あいかわらず毎夕料理をするたびに、自分の喉を包丁で突きさしたくなる衝動を覚える。在原業平が『伊勢物語』の末尾で歌う辞世の歌を思いだす。

つひにゆく道とはかねて聞きしかどきのふけふとは思はざりしを

（清水 1972, 234）

「最後に歩む道とは知っていたが、昨日今日の話とは思わなかった」。心に迫る歌だ。朝風呂に浸かって心をほぐそうとする。湯に入って、体が温まったら冷水のシャワーを浴びる。これを何度か繰りかえす。そうして自分を植物の状態へと還元してゆく。浴槽から出た僕は布団にまた寝転び、イヤフォンをして、加茂晴美の「Super Love Lotion」を爆音で聴く。処理しきれない音を受容することによって感覚を飽和させ、「地獄行きのタイムマシン」を食いとめることができるからだ。以前、川端丸太町にある「CLUB METRO」で小西康陽がＤＪをやって、この曲を流したときにはとても興奮した。やはり一流のＤＪ

は「まさか」というバランスで曲を繋いでゆく。

石原吉郎の詩集をめくって、心を落ちつかせる。

> 私がさびしいのは／私がさびしいのではない／私が海でないから／私が皿でないから／私が銃床でないから／私が詩でないから／つまり私が私でないから／ある日とつぜんに／私はさびしいのだ（石原 1994, 104）

石原吉郎の「さびしい」気持ちに、僕の苦痛が吸いだされていくかのようだ。

家を出て市バス二〇五号系統に乗り、南に向かう。ドラジビュスの《Barbapoux》を聴くことにする。フランス語のパンクな童謡が、僕の心を泡風呂のように洗ってくれる。「北野白梅町」や「西ノ京円町」のバス停を掠(かす)めて走る。このあたりはバスでも徒歩でもよく通るけど、ほとんど知らないから、いつか探検してみても良さそうだ。

きょうは北野天満宮で天神市が開かれている。小雨が降っているため、露店の数は限定的だが、それでもちゃんと見てまわろうとすると、多すぎるほど多い。やはり眼が行きがちなのは安物の骨董や古道具、つまりガラクタの店。徳南晴一郎のマンガ『怪談　人間時計』で描かれる奇妙なガジェットだらけの時計店や、藤子不二雄Ⓐの短編マンガに登場する珍奇なコレクションが、僕のガラクタ趣味の原体験になった。そういうものを夢中になって集めていたのは、ほんの数年前なのに、そのころ付き合いのあった関係者とすっかり疎遠になってしまったから、なんだか遠い昔のことのように感じる。

僕にはいろんなものから、すぐに宇宙に思いを馳せる癖がある。たとえば、いまいる北野天満宮はガラクタの宇宙だという思いが湧く。ヨハン・ヴォルフガング・フォン・ゲーテは『ヴィルヘルム・マイスターの遍歴時代』で、太陽系と不思議な関係で結ばれた女性について語っている。

> 別のさまざまな報告から、彼女はとうに火星の軌道を超えて、木星の軌道に近づいていたと結論できた。どうやら彼女はしばらく木星を、どのくらい離れてかを言うのは困難だが、とてつもない威厳で佇むのをびっくりして眺め、いくつもの月が木星を回っているのを見たのだった。しかも木星を欠けゆく月のように見て、まことに異様なことに、それは満ちゆく月が地球人に見えるような具合だった。この観察から、彼女は木星を側面から見ていることが、またその軌道を超えて、土星に向かって無限の空間を進みつつあることが結論できた。（Goethe 1981, 450-451）

かつて天神市で買ったコケシたち

この女性、マカーリエのような人物は、古典文学の登場人物だからこそ許されるわけで、実在するといま主張すれば、それはグロテスクなオカルトでしかない。

ふと見かけた撫牛（なでうし）には、「抗ウイルス・抗菌加工」の説明書きが添えられている。撫牛を見るたびに、半牛半人の怪物「くだん」に取材した白川まり奈の怪奇マンガ『母さんお化けを生まないで』を思いだすのだが、それは撫牛の顔つきが人間めいて見えることが多いからだ。そんなことを考えつつ顔を上げると、桜餡とカスタードの今川焼が売られていて、朝ごはんの量が少なかったので、買って食べる。

徒歩で北野商店街を南下してゆくが、このあたりは昭和の商店街という印象で、レトロ趣味をこよなくくすぐってくれる。一本の電柱で立ちどまって、眼を瞑って岡村孝子の「夢をあきらめないで」を聴く。我孫子武丸の小説『殺戮にいたる病』では、この曲が効果的に使用されていた。いつかまた再読してみよう。

聞き終わったら先に進んで、京都市中央図書館に到着する。入ってすぐにある児童図書室で、安房直子と南塚直子の『うさぎのくれたバレエシューズ』の特大サイズ版という桜の季節にふさわしい絵本を見つけた。開くと、美しい桜の絵が、絵本からあふれだしてくる。

「こんなにたくさんのバレエシューズ、だれがはくの？」／おんなのこは、目をまるくしました。／「うさぎバレエだんのうさぎたちがはくのさ」／うさぎのくつやが　そうこたえたとき、みせのまえには、もうバレエだんのうさぎたちがあつまって、くちぐちにたずねるのでした。／「くつやさん、バレエシューズは、できたかしら」（安房 2004, 14）

桜色の配色がとても美しい絵本だ。先ほどは桜餅を食べたから、すでに桜尽くしの日。ふと石井克人の『茶の味』を思いだす。あれも桜の映像が美しい映画だった。あのシュールレアリスティックな、笑えそうな笑えなさそうなギャグセンスは僕にとても合っている。

図書館がある丸太町七本松から東に向かい、千本丸太町の交差点で大極殿跡の石碑を見つめる。いまでは京都市内の中途半端な（?）場所という印象だが、かつてはこの場所が平安京の中心だったということ。古代の平安京を想像してみるが、あまりわからない。高畑勲のアニメ映画『かぐや姫の物語』がイメージされてくる。

まず二条駅の方面へと南進し、途中から左へ方角を変えてから二条城へと向かう。僕らしいことに、簡単な道筋なのに迷ってしまう。頭のなかで立体をうまく想像することができないから、このように方向音痴なのだ。行きすぎた道を、少し戻る。

二条城に着いて入場。すぐにこの城の最大の見所、唐門があり、名前のとおり中国風だ。桂離宮を讃え、日光東照宮を貶めたタウトは、この唐門のことも大いに嫌ったことだろうが、彼が京都で二条城を訪れたかどうか、僕は知らない。門をくぐってすぐ眼の前に立っている、和風の端正な建物、二の丸御殿が印象的だった。

先へ歩いて庭を回り、どんどん進んで本丸櫓門（やぐら）を抜ける。だが、その先の本丸御殿は改修中で、全体が建築工事用シートで覆われていた。二条城で僕が思いだすのは、織田信長の嫡男、信忠が本能寺の変に際して立てこもり、自害して果てたという悲劇だ。だが調べてみると、その二条城はもっと東、押小路烏丸（おしこうじからすま）にあった別の建物で、現在のものはのちに再建されたということらしい。工事用シートを眺めながら、ランボーが『地獄の季節』の「地獄の夜」で歌った詩を思いだす。

ぼくはあらゆる神秘を暴いてやりたい。宗教の、あるいは自然の神秘、死、誕生、未来、過去、宇宙の創生、虚無。変貌する幻影も自由自在だ。(Rimbaud 1999, 186)

二条城の二の丸御殿

僕は自分が暴れまわってシートを剥がし、そのなかを「暴いて」やる姿を想像した。大変な騒ぎになるだろう。

おとなしく順路に従って出口に向かうと、軽食の露店がいくつも出ている。出口で、信忠が自刃した二条城があった一帯まで覗いてこようかと少し思案したが、きょうはやめておく。予定にしたがって二条城駅から京都駅に向かう。電車のなかでは、映画『花束みたいな恋をした』で使われていたきのこ帝国の「クロノスタシス」と、テレビゲーム『十三機兵防衛圏』の挿入歌「渚のバカンス」を聴く。

京都駅前のバスターミナルから市バス二〇六号系統に乗って、三十三間堂に向かう。欧陽菲菲(おーやんふぃーふぃー)の「雨の御堂筋」を聴く。大阪のことは京都よりも詳しいが、この曲に出てくる「梅田新道」という場所に心当たりがなく、インターネットを検索して調べる。いまではなくなった通りらしい。

「博物館三十三間堂前」から入り口を探す。すぐ眼の前にあるのに迷い、あちこち歩き回って、また戻ってくるという迷子ぶりをまた発揮する。運動不足だから、かえって良かったと思うことにする。

初参観の二〇一四年以来で、ここに来た。本堂の内部は写真撮影が禁止されているから、真に貴重なものを見ることができたという思いが心に刻まれる。本堂そのものが国宝。さらに、内部に安置されている木造千手観音坐像(附・木造天蓋)、木造風神・雷神像、木造二十八部衆像、一〇〇一体の木造千体千手観音立像のいずれもが国宝。全体がぼうっとしたやわらかな金色に包まれている。

それらの仏像を眺めていると、心はふたたび宇宙へ誘われる。一〇〇〇の手を持つ仏が一〇〇〇体以上とは、無量無辺の宇宙の表現そのもの。精神を病んだ安部慎一が、鈴木翁二の『麦畑野原』に寄稿した奇怪なエッセイ「自分の心を信じるということ」を思いだす。

今夜、父の家に呼ばれて、夜まで話して、帰宅する折り、送りに出て来た父と母に対しておじぎをしたのですが、おじぎの仕方にはっきりしたところがなくて、反省しました。／別れる時、日常生活の一瞬一瞬について、ぼんやりとした、落とし穴とも云うような空白な部分を持ちたくないと心がけているのですが。それが心を信じることだとわかっているのですが、今夜のように、ほんの一瞬の油断が生まれます。あわてずに、ゆっくり、頭をさげて、おやすみを云えば良かったのです。又、父母の前で煙草を一本吸って、後悔しました。日常では、時たまにしか吸わないのに。無意識で、生きている時が、一番嫌な時です。／私達は、太陽系霊団の一員としての使命を持って、他の天体からこの地球に来たのだと、私は、思いめぐらすことが出来ます。／そう、人から聞いた時に、迷っている自分と、迷わない自分が区別できるような気がしました。社会人としての働きは、地球人としての働きです。漫画家も、使命を忘れたら駄目でしょう。又、迷う自分の画いた物については、責任を問われるでしょう。／宇宙の意識は、建設的で、明るく、豊かです。それに反すれば、生きている根本をくつがえすことでしょう。悟るまで、地上界に残らねばなりません。私は焦りません。／しかし、うかつなことをした時は苦しみます。当然のことです。／「安部さんは間に合わないかも知れない」／或る人にそう云われました。私は苦しみました。いま、そう云ってくれた人も良い人だったと思います。間に合わないかもしれない、と、思っています。あまりにも、曇った想念で生きて来ました。心というものが、わからなかったのです。いまも、はっきりわかりません。しかし、自分の中の善なる心を、信頼して、生きてゆこうと思います。（安部 1978, 262-263）

二〇世紀後半の文章で「太陽系霊団」なんて書かれると、かなり危ない印象が生まれる。本堂から出てきた僕は、前回の観光と同様、ここから伏見稲荷大社に行くのは簡単だと考える。でも京都に住んでいるのだから旅程を詰めこむ必要はない。西に歩いて、鴨川を観、それから京都駅へと歩く。駅前のバスターミナルから、市バス二〇五号系統で帰宅する。ジョナサン・リッチマンや、ロス・ヨークスを聴きながら、北米と南米の音に心をそよがせる。

帰宅した僕は、あがた森魚（もりお）の大作、三枚組ＬＰ『永遠の遠国』を聴く。カート・ヴォネガットの『スローターハウス５』の原書をめくって読む。そこにはアルコホーリクス・アノニマスでも使用される「静穏の祈り」（別名「ニーバーの祈り」）が掲載されている。

> 神よ、変えられないものを静穏に受けいれる恩恵を、変えるべきものを変える勇気を、そしてその両者を見分ける知恵を、与えてください。（Vonnegut 1991, 60）

きょうは寺院で金ピカの仏像も見たし、神や超自然現象についてもチラチラと考えたしで、トラウマが疼（うず）く日だった。心が弱っているから、全体に渡って思考がおかしい気がする。

眠る前に、細江英公が三島由紀夫を撮影した写真集『薔薇刑』のことを思った。古書価が高騰しているが、あれを購入しないままでいるのはずっと心残りだ。

第四章　京都（四日目）

四月上旬になった。朝、このところ読んでいた武田綾乃の『愛されなくても別に』を読みおわる。朝からお好み焼きだ。『みんな水の中』を書いていたころは五ヶ月ほど毎日一食は、イズミヤで買った明太子フランスパン（一〇〇円）を食べていたが、最近はお好み焼きばかり。作るのが簡単すぎて、病みつきになる。

市バスの一号系統でバス停「出町柳駅前」に行く。その近くの河合橋から高野川を北に見る眺めがとても好きだ。まえは二月に見たが、そのころとは河岸の様相がすっかり変わっている。枯れて一面クリーム色だったのが、生命力に溢れた緑を成している。宮澤賢治の『春と修羅』に収められた「小岩井農場」のようだ。

冬にきたときとはまるでべつだ／みんなすつかり変つてゐる／変つたとはいへそれは雪が往き／雲が展けてつちが呼吸し／幹や芽のなかに燐光や樹液がながれ／あをじろい春になつただけだ／それよりもこんなせはしい心象の明滅をつらね／すみやかなすみやかな万法流転のなかに／小岩井のきれいな野

はらや牧場の標本が／いかにも確かに継起するといふことが／どんなに新鮮な奇蹟だらう　（宮澤 1995, 62-63）

京阪電車の急行に乗って、出町柳駅から伏見稲荷駅まで移動する。眼を閉じて心のなかであやとりをして遊ぶ。『ドラえもん』でのび太に共感できる点のひとつは、彼があやとりの名人だという設定。とても彼らしい地味な趣味だ。ところが作品の途中から、彼は射撃の名手でもあるということになって、とくに映画ではその長所が活用されるようになった。僕は落胆した。勉強も運動もできず、周りからバカにされる少年が、じつは銃の名手だなんて、「夢」を詰めすぎていて、あまりにも白々しい設定だ。

到着して歩く。前に稲荷大社に来たのは二〇一三年だった。そのときとはまったく異なり、閑散としている。千本鳥居はやはり印象的。外国人が好むのもよくわかる。延々と並ぶ鳥居をくぐっていくうちに、神道と仏教とでチグハグかもしれないが、『正法眼蔵』の「有時（うじ）」を思いだす。

われを排列しおきて尽界とせり、この尽界の頭頭物物（ずずもつもつ）を時時なりと覰見（しょけん）すべし。物物の相礙せざるは、時時の相礙せざるがごとし。このゆゑに、同時発心あり、同心発時なり。および修行成道もかくのごとし。われを排列してわれこれをみるなり。自己の時なる道理、それかくのごとし。（道元 2004, 253）

ＡＳＤに特有の配列への嗜好が僕にもはっきりとある。この千本鳥居を考えた人も、もしかするとＡＳＤ者だったのかもしれない。進むうちにテレビゲーム『ドラゴンクエストXI　過ぎ去りし時を求めて』を思いだす。この千本鳥居をモデルにした村が出てくるのだ。登っていくと、途中に「熊鷹社」というものがある。宗教的施設を訪れて、興味が湧いても僕は滅多に参拝しない。自分が受けた宗教教育のトラウマが「地獄行きのタイムマシン」として動きだす危険が高い。今回も安全を期してやめておく。

数日前に、スキーマ療法（個々人の思考と行動のパターンを分析し、中核的な感情欲求を満たそうとする心理療法）のモードワークを自己流にアレンジしたものを試みた（横道 2021a）。その効果もあったのか、三月に比べて心はかなり軽やかになっている。「四ツ辻」という場所の少し手前で、京都の市街地を見渡すことができる。桜も見えるが、すでに九分葉桜だ。視界の全体が茫洋として、水っぽい。八年前にここにきたときも、白居易の「海漫漫」を思いだした。

伏見稲荷大社のお山参道

海は果てしなく広大だ。眼下は底なしで、辺縁に限りはない。彼方の水平線で波と雲と重なっているところの最深部に、みっつの神山があると人は言う。その山上では不死の薬が多く生まれ、服用すれば羽が生えてきて、天仙になる。秦の始皇帝や前漢の武帝はそういう言い伝えを信じて、方士たちは毎年のように薬を採って、その地を去った。蓬莱は、いまもむかしもその名を耳にするばかりだ。水煙で茫洋として何もはっきりしない。海は果てしなく広大で、風はどこまでも吹きわたっている。どれだけ眼を凝らしてみても、蓬莱島は見えてこない。（白居易 1988, 149）

四ツ辻まで来て地図が載った看板を見るが、先はまだまだ長そうだ。上り階段を見ると、杖を突きながら上っている老人もいるが、僕にはそこまでの意欲がない。そこでここで折りかえすことにする。

石の階段を、僕は危なっかしく下りていく。鈴木いづみの『ハートに火をつけて！　だれが消す』が頭をよぎる。よろめきながら爆走するような彼女の人生。何度か転びそうになる僕の天性。その失望の深さはまるで学徒動員された兵隊たちの出征。かわいそうな僕の発達性協調運動症の特性。なぜかラップ風に書きたくなる習性。

できれば京阪電車に乗りたかったけれど、方向音痴なのでＪＲ稲荷駅に出てしまう。さらにどこに行こうか、と思案する。京都でまだ観光に足る場所はいくらでもある。嵐山、京都御所、叡山電車に乗って貴船川（きぶねがわ）や八瀬川（やせがわ）の渓流に遊びに行くのも良さそうだ。恵文社一乗寺店や誠光社などの個性的な書店で新刊書を物色するのも楽しい。

しかし僕は家に帰宅することにする。帰りながら、中村祐子の『マザリング』を読む。この本を読むと、「人間」、「自我」、「実存」、「人権」などに関する伝統的な議論の多くが、ヨーロッパの白人男性を規範とした一面的なものだということが感じられてきて、独特の爽快感がある。

> 私の身体には今月も変わらず月経が来る。その前一週間くらいはＰＭＳにより、心身がなにか波のようなものに乗っとられているような心地になる。ふだんは平気なことでもことさら神経に響き過敏な状態になる。周期的におそってくる身体の声を聴いていなければならない時間。／月経とは、新しい生命を宿すベッドが、使用されず未遂に終わったので、毎月廃棄される、という「現象」である。その抜きさしならない現象を抱える私には、深い裂け目

が開いており、そこからすーすーと大事なものまで流れて行ってしまう気持ちがした。身体のリズムに受動的にひれ伏さなければならない時期が、月に一度という頻回に起こるのが女性の身体であるという、落胆をもよおすような事実。それは、身体を社会活動を行うものとして考えれば、端的に弱みで、そうした「弱い身体」から眺めると、世界の像は一度崩れ、靄（もや）がかかって見える。そのとき、私は痛みから世界を見ている自分に気づく。抗いがたい失調を受け入れざるを得ない時間のつみ重なりの果てに、痛みに過敏である女性の感受性というものが立ち上がってくるのかもしれない。／月に一回、血が流れる穴は、子どもが宿ると、こんどは産道となるふしぎな穴でもある。そういう穴が自分の中心にうつろに空いていることが、自分に他者への感覚をもたらす通行路になるのだろうかと思える。身体の中心に、ぽっかりと空いた場所があり、何かを待っている。それは、つねに他者への可能態として身体が開かれていることへの震えのようなものかもしれない。（中村 2020, 72-73）

僕はもうすぐ発売される『みんな水の中』とこの本はどこかが似ていると感じる。

家に戻った僕は夕食を食べ、SNSを確認して、こまかな用事を済ませて眠る。長田弘の「詩って何だと思う?」を思いながら眼を閉じる。

アラーム alarm という英語は、
イタリア語の all'arme
(武器をとれ)からきたと
辞書にあるけれども、
夜明けに目を覚ますのに、
毎日、必要なものは、
アラーム(武器をとれ)ではない。
目を覚ますのに
必要なものは、詩だ。
顔を洗い、歯を磨くのに
必要なのも、詩だ。
窓を開け、空の色を知るにも
必要なのは、詩だ。

一日をはじめるのに必要なのは、
朝のコーヒーの匂いと、詩だ。
思うに、歳をとるにつれ
人に必要となるものはふたつ、
歩くこと、そして詩だ。
角をまがる。小さな橋を渡る。
きれいなドウダンツツジの
生け垣のつづく小道を抜けると、
エニシダの茂みが現れる。
光と水と風と、影のように
彼方へと飛び去ってゆく鳥たちと。
人生にゴールなんてないのだ。
「まわりまわってたどりついても
見ればまたぞろこの市(まち)だ。
ほかの場所にゆく夢は捨てろ」
百年前のギリシアの詩人の忠告を思いだす。

必要なのは、だから、詩だ。

詩って、きみは、何だと思う？

括弧内は、カヴァフィス「市（まち）」（中井久夫訳）による（長田 2015, 22-25）

旅を終えて

ここまで記してきた観光記録は、僕の自己エスノグラフィーになっている。それを僕は論文の体裁に仕立てて、エスノグラフィーの前後に学術的な文章をつけて勤め先の大学の紀要に発表した（二〇二一年一二月刊行）。以下に書く内容は、その学術的な文章を一般向けの文章になおしつつ、旅行の終わりから一年半以上が過ぎた二〇二二年一二月の観点からの知見も追加し、再編集したものだ。

＊　＊　＊

僕は旅行を終えて、イギリスの社会学者ジョン・アーリが「観光者のまなざし」という鍵語で議論した内容を思いだしていた。アーリは、観光客の個人的記憶の枠組みを文化的規範が作っていて、それは社会に流布しているイメージやテクストによって決定されていることや、観光体験というものが、観光地で観光客をもてなす側が起こす一回的で全体的なパフォーマンスだということを指摘している（アーリ／ラースン 1-4, 293-302）。しかし発達障害者の観光では、その観光体験の平均的なあり方が、かなり崩されると僕は考えた。

観光地は、観光客から一方的なまなざしを向けられているように見えるかもしれないけれど、実際には戦略的に観光対象を「まなざさせている」場所でもある。ほとんどの観光客は、観光地という磁場である程度まで精神を支配されることになる。由緒正しい観光地にいながら、それとは「場違い」と感じられるものを想像することを、たいていの観光客は自粛ないし自主規制するだろうからだ。

そういう「まなざさせる力」は、観光地に対する世間的な評価が高ければ高いほど強力だと思われる。全世界レベルで言えば最強水準の「まなざさせる力」は、まずはフランスのパリに、ついでロンドンやローマやニューヨークにあるだろうし、国内で言えば、なんと言っても僕が住み、観光も実施した京都にあるだろう。

しかし自閉スペクトラム症があると、「まなざさせる力」に抵抗を覚える。それは僕たちが「脳の多様性」を生きているからだ。自閉スペクトラム症は、注意の解き放ちに優れ、人間を物の世界より特別視しない傾向があり、また定型発達者よりも世界をありのままに捉えることが指摘されている（村中 2020, 53-66; 75-77）。さらに加えれば、僕は注意欠如多動症者でもあるけれど、注意欠如多動症にも注意の解き放ちに優れる面があり、脳内ではさまざまな事象が活発に同時運動する。

定型発達者に対して、発達障害者は、地球人に対する地球外知的生命体のような位置づけにある。「異星人みたい」と思われて疎まれたりするのだけれど、実際問題として僕たちには「宇宙人の眼」がある。僕たちは「空気を読めない」と非難されることもあるけれど、それは得体のしれない「空気」に絡めとられない自由さを持つということをも意味する。それが、平均とは異なるという観光体験を立ちあげるのだ。

そして、その発達障害者としての特性を僕の場合には解離が増強している。解離によって現実感覚が脱落し、想像や可能性の世界へと簡単にさらわれてしまうからだ。先に示した京都観光の時期、僕はさまざまな不安感から精神的な危機に直面していて、あとからその記録を読みなおすと、僕の解離した世界体験が、ふだん以上に深みと奥行きを増していると思われるのだ。読者はどのように感じただろうか。

僕は旅行を終えたあとで、「やってくる」というテーマについて考えた。僕は自助グループと出会って、「外部に開かれる」体験が「やってくる」と何度も感じた。自助グループでは、さまざまな年齢、職業、生育歴の「当事者仲間」(ピア)との交流が発生する。大学教員としての経歴を重ね、ふだん接触する人々がおおむね研究者の同僚か、大学の職員か、教え子たちかという人生を歩んできた僕にとって、自助グループは未知の外部との接触面、言いかえれば異世界への窓口にほかならなかった。しかもその窓口でつながる「仲間」たちは、当然ながら自分とそっくりな人がたくさんだった。その「やってくる」経験があったから、僕は『みんな水の中』と同じレーベル「シリーズ　ケアをひらく」から出ていた郡司ペギオ幸夫さんの『やってくる』に魅了されもした。

郡司さんも自閉スペクトラム症の特性を濃厚に感じさせる人だが、この著作の刊行後、宮台真司さんとの対談で、トラウマを磨く作業によっても、絶対的な外部が自分に「やってくる」と述べていたのが、おもしろかった。「意味を剥奪されたトラウマ、弱いとはいえトラウマが有している忸怩たる感覚や、違和感、恐怖感につながる負の感覚が脱色されていると、なんだかよくわからないけど、何かを呼び込もうとする装置になる気がします」と郡司さんは語っている（郡司／宮台 2020）。先に書いたように複雑性ＰＴＳＤを罹患していると自認している僕は、トラウマまみれの人生を歩んできたし、それは先に書いた観光記録からも多くの人が察してくれることだろう。それで郡司さんのトラウマ論に関心を誘われるのだが、自分のトラウマが、創作的手段などによって洗練されることによって、社会の側のさまざまなトラウマに吸いだされる、そして、その吸いだされるという体験が「やってくる」のだと僕は考えた。その意味で、僕は自分の観光記録も読者のみなさんにとって「やってくる」装置にならないかと期待する。そして、かつてのたっぷりのトラウマ体験によって、僕は解離した人間になってしまったのだ。

『みんな水の中』を書いているときも「やってくる」体験を重ねたけれど、僕はさらに「やってくる」体験を求めていたから、観光に関心を向けたのだと思う。東浩紀さんは『観光客の哲学』で、観光客が観光地とトンチンカンな出会い方をすることによって、郵便の「誤配」に似た現象が起きて、「新たな理解やコミュニケーションにつながったりする」と述べている（東 2017, 158-159）。これは観光地という外部が、観光という媒体によって観光客との連絡を実現するわけだ。そうして外部に開かれる体験が「やってくる」。

思うに自閉スペクトラム症者は「やってくる」体験を日常的に体験している。自閉スペクトラム症者の人生には、予測を超えたものがつぎつぎに現れる。定型発達者よりも予測能力が弱いとする議論もあるが、圧倒的多数の人とは異なる感じ方と考え方で生きているから、予想がしづらいということかもしれない。さらに自閉スペクトラム症者にはフラッシュバックが頻繁に起こるという特性がある。それらのフラッシュバックは必ずしもトラウマ的なものばかりではないが、僕の場合は複雑性ＰＴＳＤが掛け算されて、トラウマの痕跡が疼いては、解離によって透明化した僕のもとに、さまざまな不幸な記憶が洪水のようなフラッシュバックとして押しよせる。そして注意欠如多動症者は、「脳内多動」と呼ばれる現象によって、やはりさまざまなものが「やってくる」のを体験する。そのようにして僕は生きた「やってきまくる」装置とでも言うべき存在なのだ。それが解離した人間のいわゆる実存のあり方だと考えている。

第二部

全国・嗜癖・人生を振りかえって

書く前に

第二部では、過去の国内旅行を、おもに嗜癖の問題を主導モティーフとしながら、振りかえっていきたい。解離によって現実と幻想が浸潤しているような世界体験は、一般的には珍しいものかもしれないけれど、僕自身にとっては体験世界と人生の標準型だから、それ自体では異世界らしい異世界を開かない。もちろん、日によっては、あるいは状況によっては、具体的には衝撃的なことを体験したあととか、フラッシュバックが激しいときとか、なんとなく憂鬱な気分なときなどには、解離が深まっているから、それは異世界の扉を開く。しかし、そのようにして開かれた異世界とは心地よいものではなくて、むしろしばしば地獄的だ。そこで、僕は人生をとおして天国的な至福を渇望することになった。

そのようなわけで、僕がさまざまな嗜癖のとりこになってきたのは、必然的だったと思う。依存症研究の大家リサ・M・ナジャヴィッツは、依存症（アディクション）の発生原因は心的外傷（トラウマ）にあることを説明している。

一部の人にアディクションが生じる最大の理由は、その人たちが深刻なトラウマを生きてきたからです。それは、気分をよくしようとして何かに手を伸ばすのは理にかなっているという考え方で、破壊的論理と呼ばれています。これは、自己治療、痛みの麻痺、回避目的の使用とも呼ばれています。嗜癖行為は、少なくともしばらくの間はトラウマ問題を解決してくれるように感じられます。重いトラウマとアディクションを抱えている一部の人々にとっては、心の傷から逃れられる唯一の方法であったから、それを使用しつづける決心をしたのです。その他にも、ホームレス生活、貧困、メンタルヘルスの問題、差別、社会的孤立などの脆弱性があれば、アディクションはさらに発生しやすくなります。(ナジャヴィッツ 2020: 141 強調は省略)

つまり、嗜癖への没入は心の壊れかけた人々が「自己防衛」を求めた結果なのだ。ナジャヴィッツはさらに、嗜癖は残酷な現実から逃れるために感覚を麻痺させるものだとも指摘する。

嗜癖行為のおかげで、逃れられないトラウマを生き延びることができたと言う人もいます。感覚を麻痺させることができたおかげで自殺をせずに済んだ、というわけです。トラウマによって孤立している時、嗜癖行為だけが友だちだったのです。それは、残酷な現実からの束の間の逃避でした。（ナジャヴィッツ 2020: 142）

「嗜癖行為だけが友だちだった」というのは言いえて妙だ。僕の人生でも嗜癖こそが、どの親友よりも大切な親友だった。

以下の記述では、僕の半生を振りかえりながら、さまざまな心的外傷についても言及していく。僕にとってのトラウマの二大源泉は、カルト宗教の教育を受けた体験と発達障害者としての孤立体験だ。そこから負った精神的損傷を癒すために、僕は酒を始めとした多くの嗜癖に耽溺した。深刻な依存症に陥ることはなかったけれど、予防を期して数年前から依存症専門の精神科クリニックに通院するようになって、いまでもそのままだ。

第一部の観光記録は解離した世界体験を示していたけれど、解離と嗜癖も非常に深い関係にある。心的外傷後ストレス症（ＰＴＳＤ）の患者、つまり深いトラウマに苦しんでいる人はしばしば解離し、それが嗜癖を呼びよせる。興味深いことに、解離がうまく働かず現実から逃げられないからこそ嗜癖に頼るという場合と、強い解離をやわらげるためにこそ嗜癖に頼るという場合の両方があることを、日本を代表する依存症専門医の松本俊彦が記している。

PTSDと物質依存症との併存症例に関しては、かねてより「化学的解離（chemical dissociation）」という機序の存在が想定されてきた。それは、外傷記憶のフラッシュバックや知覚過敏に対して「解離」という防衛機制でうまく対処できない者が、物質の薬理作用を借りて人為的に解離と同様の効果を得る現象である。しかし最近、重篤な解離現象を緩和するために物質を使用する患者もいることが指摘されるようになった。ナジャヴィッツらの研究では、PTSD患者を解離体験尺度得点に基づいて高解離群と低解離群とに分けて比較した結果、高解離群のほうが物質依存症の併存率が高かったという。いずれの場合も、解離と物質使用とのあいだには、正と負の双方に密接な関連があることはまちがいない。（松本 2020:19）

ここで参照されているナジャヴィッツとメアリベス・ウォルシュの論文（Najavits / Walsh 2012）を確認すると、対象者となったのは七七人の女性とのことだが、男性の私も当てはまるのだろうかは、しろうとの僕にはわからない。この検査を受けていない僕が、そもそも「高解離群」と「低解離群」のどちらに該当するかもわからないわけだけれど、僕の場合には解離が弱いときに、それを強めてもっと現実を離脱したいと感じて飲酒することも、逆に解離が強すぎて現実に復帰するために飲酒することも、どちらもある。飲酒以外でも同様だ。下記の記録では、さまざまな快楽物質や快楽行動を嗜癖として理解して記述を進めているけれど、それらは僕にとっては、選好性（つまり「好み」）によって関心を示した多くのものが、酒のように機能してきたからで、それらもまた解離を深めたり、逆に解離を浅くしたりするのに役立った。依存症治療の専門家からどのくらい受けいれられるかわからないけれど、当事者の実感として参考になればありがたいと考える。

第一部と同じくらい、あるいはそれ以上に痛々しい出来事も含まれているものの、読者ができるだけ楽しんでくれますように。

第五章　大阪（１）——オタク少年形成史

僕は大阪で生まれ育った。幼児期の頃に夢中になったものは『宇宙刑事ギャバン』や『大戦隊ゴーグルファイブ』といった特撮ヒーロー番組、『キン肉マン』や『魔法のプリンセス　ミンキーモモ』といった男児向けと女児向けのアニメ番組だった。住んでいたのは城東区で、家からは大阪城がそれほど遠くなく、見るたびにかっこいいと感じ、うっとりした。

小学生になる頃には、昆虫に対して興味が高まっていたとはいえ、それまで住んでいた殺風景な地域では、街のところどころに小さな草むらが点在している程度で、満足できるほどの自然の生態系に体験できなかった。しかし小学二年生のときに、住之江区にある大阪湾沿いの埋立地に引っ越してから、事情が変わった。新しい住居となった団地の前の敷地には、大きな空き地が広がっていて、ゆたかな植生が自然の生命力を顕在化させていた。憧れていたカブトムシやクワガタムシこそいなかったけれども、カナブン、カミキリムシ、アゲハチョウ、数種類のセミが樹液に集まり、各種のバッタ、コオロギ、キリギリス、スズムシ、カマキリが草むらでわらわらと揺れうごき、アメンボ、タガメ、ゲンゴロウ、メダカなどが池で凄絶な生存闘争を繰りひろげていた。

なかでも僕はカマキリの採集と飼育に夢中になった。雄渾なオオカマキリ、堂々たるでっぷりぶりのハラビロカマキリ、すらりとしたチョウセンカマキリ、愛らしいコカマキリのいずれにも、それぞれの魅力を感じた。甘やかな緑色の体色のものも、まれに見つかる茶色の体色のものも、どちらがとは言えないくらい美しく、古代世界のくすんだ宝石のように感じた。段ボール箱を加工して土を敷き、草を置いて、小さなバッタやコオロギを放ち、カマキリを入れた。カマキリたちは餌になる小動物だけでなく互いの命を狙いあったから、箱のなかは生態系を圧縮したような地獄絵図になった。残酷にも僕はその果てしない殺戮にも魅せられた。ずっとおとなになってから、たいていのカマキリには不気味なハリガネムシが寄生していることを知って、草むらの世界では百獣の王のように感じていたのに、そんなに哀れな生き物だったのかと悲しくなった。

昆虫に夢中になるのは少年にとってありきたりのことだけれど、僕はだいぶこだわりが強かった。昆虫を集めるときは、自閉スペクトラム症の収集癖が発揮されていたはずだ。自宅で自然の生態系を小さく再現したのは、やはり自閉スペクトラム症の特性で、ものごとの全体的な把握が不得意なために、かえって全体性を実現したいという欲求が働いていたのだと思う。

大阪城

草むらを歩きまわって、やわらかな植物をかきわけ、目的とする昆虫を網や手で捕まえ、持ってきた虫かごに入れる。取りかえ用の新しい草をちぎって摘む。そして家に帰って、段ボール箱の生態系を更新する。なんと幸せだったことだろう。採集と飼育に耽っているあいだ、僕の心のなかで学校で受けていたイジメやカルト宗教の名のもとに母親から受けていた肉体的虐待はしぼんで、どこかに行ってしまった。僕にとって昆虫採集は、過酷な苦境に閉ざされた状況で、なんとかして精神を解放するために嗜癖に溺れていたのと同じだと考えている。少なくとも僕には脳内麻薬が頭にたぎる感覚があった。

学校に行きたくないけれど、家のほうが危険が大きいから、不登校児になる道は選べなかった。そこで学校に行ってから、隙を見て教室を脱けだし、よく街中を放浪した。昆虫採集への熱が冷めると、僕は万引きをするようになった。モール街の駄菓子屋に行って、メンコなどをさっと取って逃げる。書店に行ってマンガを盗んで逃げる。文房具屋に行って、子ども向けのグッズを盗んで逃げる。不思議なことに、一度も捕まらなかった。盗んだものがほしいという気持ちだけでなく、盗むという行為に興奮し、大きな衝動に飲みこまれていた。だからそれは窃盗癖（クレプトマニア）として、嗜癖行為に溺れる時間だった。いまでも盗みを働いた店のそれぞれに対して申し訳ない思いを抱いている。

少年時代の僕の生活は廃墟のように荒んでいた。学校でも家庭でも暴力にさらされ、溜まった鬱憤を晴らすために、自分自身が窃盗行為をつうじて罪のない人々に対する攻撃に加わっていた。大学生になって、大学の授業でイギリスの作家ウィリアム・ゴールディングの小説『蠅の王』の殺伐とした一節を読んだとき、少年たちに屠殺され、解体された豚の頭部が表現する暴力性の描写は、まるで小学生だった頃の僕自身のようだと感じられた。

> 臓腑の塊には黒山のように蠅がたかり、それが、ぶんぶんと鋸の唸っているような音をたてていた。しばらくすると、蠅はサイモンに気がついたらしかった。腹いっぱい食べたあとなので、こんどはサイモンの流れ落ちる汗のほとりにとまって、それを飲みはじめた。彼の鼻の穴の下をくすぐったり、股の上で飛んだり跳ねたりした。これらの蠅ときたら、黒くてぎらつくような

緑色を呈し、数えることもできなかった。サイモンの面前には蠅の王が棒切れの上に曝され静まりかえってにやにや笑っていた。ほど経てついにサイモンは絶望的になって、うしろを向いた。白い歯と霞んだ眼と血は、依然として眼中から離れなかった。(ゴールディング 2010: 291-292)

この醜悪な姿はクレプトマニアだった時代の僕にふさわしい。だが、小学生の高学年になると、万引き以上に僕を捉えるものができた。それは食べ物とテレビゲームと自慰行為だ。

小学生の途中までは、僕はむしろ食が細かった。多くの自閉スペクトラム症児もそうだけれど、何かを食べると、個々の食材の味が強く感じられて、その混ざりあいが気持ちわるかった。給食の時間が終わって、まわりで掃除が始まっても、僕は泣きながら給食をほおばりつづけていた。まわりが見ていないと判断したら、ちぎったノートの紙などに口内のものをペッと吐きだして、紙を丸めて包み、机のなかに押しこんだ。そしてあとからこっそりとゴミ箱に捨てにいった。見つかれば教師に叱られた。

ところが、あるときに僕はなんでも食べられると自己暗示をかけて、給食をガムシャラに食べてみると、ほんとうになんでも食べられるようになった。それとほぼ同じ頃に、病院に一週間くらい入院して、鼠蹊ヘルニアを手術したことがあった。家族や親戚が見舞いにきて、僕が喜びそうな果物や菓子類をたくさんくれるので、それらを食べているうちに、過食傾向が始まった。以来、僕は人生のほとんどの期間をつうじて過食気味だ。食べていると嫌なことを忘れるから、結局ストレスを晴らすために過剰に食べてきたのだと思う。

やはり同じ頃に家庭用ゲーム機のファミリーコンピュータ（ファミコン）が、のちに後継機のスーパーファミコンが普及して、子どもたちが日常的にコンピューターゲームに接する時代が始まっていた。僕もたちまちその種のゲームに夢中になった。ゲーム文化の黎明期だったので、多くのソフトは難易度の設定がいまほどしっかりしていなかった上に、僕自身がいかにも発達障害児にふさわしく、コントローラーを巧みに操作できなかった。やがて僕は、自分がテレビゲームに向いていないことをいやいやながら悟って、この世界から離れていった。それは文字どおり無念で、もっとじょうずにゲームをやるクラスメイトたちや、妹と弟をうらやましがった気持ちをよく覚えている。

ゲームをやっているあいだ、心はとろけて、イジメも家庭内暴力もすっかり宇宙の彼方に去った。「ゲーム依存症」という言葉があるけれど、僕は批判的にはなれないし、それどころかいまでも、コンピューターゲームに批判的な人を信用できないと感じてしまう。それはつらい現実から自分を解放してくれる有害な嗜癖かもしれないけれど、問題は嗜癖へと子どもたちを追いやってしまう環境のほうなのだ。ゲームを規制しても、より危険な嗜癖にはまるかもしれない。たとえば、かつての僕のように窃盗癖に、ということもありうる。あるいは、僕を虐待していたクラスメイトたちや母親のように、精神的または肉体的暴力を嗜癖対象として選びとる可能性もある。それならば、いわゆるハーム・リダクションの発想だけれど、ゲームのほうが嗜癖としてよほど安全なものなのだ。

さて、自慰行為に夢中になることは、思春期の少年少女にとって、まったく不思議なことではないはずだけれど――いや、おとなでもそうか――、僕の場合にはそれも嗜癖に近かったのではないかと思う。つまり他者との性交渉なきセックス依存症だ。実際、成人したのちも一時期の僕はセックス依存症に近い生活に耽っていた。その時期と同じようにして、小学生から中学生にかけて一日に何度も飽くことなく自慰行為をしていた。授業中にズボンのチャックを開けて、性器をいじっていたこともある。度を超した回数で自慰行為をするのは、長いあいだ変わらなかった。それも心が傷ついて、つらいと感じるときほど熱心にやるのだった。不思議なことに、悲嘆と快楽のギャップのせいか、悲しければ悲しいほど射精の快感も強く、より依存症の回路に巻きこまれていったと感じる。女性の発達障害者はしばしばリストカットをやっているが、それに通じる身体感覚ではないか。事実として彼女たちも多くの場合、セックス依存症の傾向を併せもっている。

まるで旅行記録ではなくなってきたけれど、盗みも食べ物もテレビゲームも自慰行為も、大阪の港湾部に住んでいたときの嗜癖対象だ。それらに続いたのが、マンガだった。

一九八九年に昭和天皇が亡くなって、そのすぐあとに「マンガの神様」と呼ばれていた手塚治虫も生涯を終えた。ベルリンの壁が崩壊し、翌年にはドイツが統一され、その翌年にはソ連が消滅した。世界史が激動するなかで、僕は手塚治虫や、手塚の影響下に自己形成したふたりの藤子不二雄（藤子・F・不二雄と藤子不二雄Ⓐ）、石森章太郎（当時はすでに「石ノ森章太郎」と改名済みだった）らの作品を偏愛するようになった。それよりも前から『週刊少年ジャンプ』のマンガ（とくに『キン肉マン』と『聖闘士星矢（セイントセイヤ）』）に夢中だったけれど、マンガ趣味とふくらみつつあった過去の歴史への関心が結ばれあって、レトロなマンガに対する嗜好として結晶化した。それ以来、自分の同世代人が愛読していた、従来は僕自身もときめていたマンガの数々に、だいぶ冷淡になった。英語風に言うならば、〈NOT FOR ME〉な作品に感じられるようになったのだ。レトロなマンガに対する愛好は、僕の精神形成の最大の主柱として機能したのだが、僕はその愛好もまた嗜癖だったと思っているのだ。自分よりも上の世代の人たちが好んでいたマンガを新たに読むたびに、僕の体も心も溶けていった。それは成人後のアルコールへの耽溺と、ほとんど変わるものではなかった。

中学一年生の夏休みには、手塚のマンガ『アドルフに告ぐ』と、ドイツをめぐる世界史的状況に触発されて、「ドイツ自由研究新聞」を作成した。統一ドイツの形になるように模造紙を切り抜き、そのなかに興味を抱いて調べた情報を詰めこんでいった。その頃から僕は世界史マニアとしての階段を上りはじめた。中学二年生の夏休みには、「日本城郭年表」を作成した。日本の城郭についての情報を数冊の本から取捨選択した五〇メートルに及ぶ巻物だ。五ミリメートル四方の大きさの文字をびっしりと書きこんだ。その背景には、石ノ森章太郎が何十巻もかけて刊行した『マンガ日本の歴史』の影響を受けて、日本史マニアにもなっていたことがあった。このころすでに、僕は歴史研究者の卵だった。調査をしていると、時間も空間も溶けてながれた。好物を食べているときや、テレビゲームをしているときや、自慰行為をしているときと同じだった。電車に乗って住之江図書館に行って資料をめくり、帰りには近くにある大阪護國神社によく寄った。信仰心

大阪護國神社

はなかったが、大阪城を思いだす懐かしい色合いが好ましかったのだ。思えば成長してヨーロッパのバロック建築が好きになり、青緑色の装飾に惹かれたが、その原体験は大阪城と大阪護國神社だったと思う。

長期休暇には、その図書館のほかに中之島にある大阪市立科学館や大阪市の各地にある博物館と美術館に出かけた。そういうところに行くと言うと、親は電車賃と入館料をくれた。展示された考古学的発掘品、歴史的価値の高い古文書、絵画、彫刻などを観ていると幸せな気分になり、おとなになったら自分の部屋を自分の好きなものだらけにしようと思った。そういうミュージアムのたぐいで新しいことを知ると、しきりにノートに記録して、詳しく知るために住之江図書館で百科事典やおとな向けの本をめくって、情報を読みこんだ。いまでも僕はネットサーフィンをして、ウィキペディアの記事などを読みふけるのがとても好きだけれど、どこかに出かけて知識を収集していた快感には劣っている気がする。それはきっと、僕がおとなになったからというだけでなく、かける手間ひまが軽くなったからという事情が大きいだろう。小学六年生の夏には、大阪港のウォーターフロント開発事業の一環として水族館の海遊館が開館し、出かけた僕はたちまち魅了された。青く光る大きな水槽が、異星から僕を迎えにきた未確認飛行物体のように僕を温かく迎えてくれた。

中学生になると分別がついて、ほとんど万引きをやらなくなっていたものの、完全に手

海遊館の水槽

を切ったわけでもなかった。そして中学一年生の秋にとうとう捕まった。大阪の電気店街にあるゲームショップでゲームソフトを盗もうとしたのだが、ブザーがなって、店員に捕獲された。ふたりの友だちと一緒に来ていたのだが、そのときの彼らの不安げな顔つきが忘れられない。店から家に通報され、警察に連絡するのは見合わせるということになった。いったいどうなることだろうかと心細くなりながら、帰宅した。中学にあがると同時にカルト宗教から解放されていて、体罰を与えられることはなくなっていたのだが、恐ろしかった。

帰宅したら葬式をしているかのように、両親は静かにうなだれていた。母からどんな酷い目に遭うかと不安だったけれど、ふだんほとんど会話をしたことがなかった父親が、外に行くように促して、車のなかで口を開いた。これからは毎月小遣いを渡すから、二度とこういうことはやらないようにと言われた。それまで小遣いをもらったことはなかったので、僕は驚いた。以来、僕は万引き行為と絶縁した。悪いことはいけないと思ったのではなく、もう二度とこんな気まずいことは体験するべきではないと考えたのだ。その後、捕まった際に一緒にいた友だちふたりと学校で顔を合わすたびに心苦しく、互いに気を遣って、自然に疎遠になっていった。いや、「自然に」というのは過去を美化している。実際にはギクシャクしながら、友人同士としての交流を消滅に向かわせた。

進学先の住吉高校は阿倍野の繁華街からそれほど遠くないところにあったから、阿倍野にあったアニメグッズ専門店のアニメイトに毎日のように出かけた。家に帰るのとは逆方向なのだが、迷わず自転車を懸命に漕いで向かった。阿倍野は再開発によって豪壮な印象に変貌する前で、大阪で第三の繁華街という地位をすでに得ていたものの、第一位の梅田や第二位の難波に比べてだいぶ見劣りする雰囲気だった。もらっていた小遣いでは欲しいものを充分に買うのに足りなかったけれど、窃盗はやめてしまったので、友だち同士でアニメ関連のCDやビデオテープを頻繁に貸し借りして、ダビングした。TSUTAYAなどのレンタルショップもたくさん利用した。けれども僕はじきに、ほとんどのアニメに退屈を感じるようになってしまって、徐々に古本収集へと趣味の重心を移しはじめた。小説、エッセイ、一般書、専門書となんでも買った。とくに図書館に所蔵されにくいものが好奇心を掻きたて、狙い目だった。多く買いたいから、一〇〇円均一コーナーなどに掘りだしものがないか、注意力を研ぎすませて観察した。

この時期の僕の古本世界への惑溺は、大阪球場の一角に入っていた古本街を抜きにしては語れない。大阪球場は正式には「大阪スタヂアム」と言ったが、大阪球場という通称があるほか、梅田周辺（キタ）に次ぐ規模の繁華街がある難波周辺（ミナミ）の真ん中に立地していたため、「難波球場」とも呼ばれていた。僕の世代ではあまりピンと来ないけど、南海ホークス、近鉄パールス、大洋松竹ロビンスといった古の球団が本拠地にしていたようだ。球場の複合娯楽施設として発展し、スタンド階下部分と一角に、テナントとして古書店街などが形成された。一九八九年、南海ホークスが福岡に移り（福岡ダイエーホークスのあと、現在の福岡ソフトバンクホークスになった）、球場のグラウンドは住宅展示場に変貌したのだが、一九九八年までは古書街が入居したままだった。僕は一九九〇年代の半ばに、この古書街に通っては、図書館とはまた趣向の異なる書物の集まりに、見知らぬ世界の広がりを感じて、しきりに陶酔した。それは僕にとって古書街の姿をした阿片窟だったのだ。周辺の難波の街並みは派手だったものの、阿倍野に通じる泥臭さを感じる場所も多く、過去のレトロ世界へと想像を誘われ、心の琴線に触れた。

時空間としては大阪球場の古書街に劣るものの、僕の精神形成にとって大きかったのは、高校の帰りにほとんど毎日欠かさず通った古本屋、福永書店住之江玉出店のマンガの安売りコーナーだった。店主は在庫がだぶついているタイトルを選んで、本の天井にサインペンで印を入れて汚損本にし（いわゆるゾッキ本）、一冊なら三〇円、五冊まとめて買えば一〇〇円と、毎日叩き売りにしていた。僕は毎日少なくとも五冊くらいは、多いときには三〇冊ほども買って、帰ってから夢中で読んだ。次第に趣味がレトロな少女マンガと怪奇マンガに定まっていき、ほとんど研究対象と言えるほどにこのジャンルに没入してしまった。

その叩き売りには出されないようなプレミア本に憧れて、大阪市南部の古本屋を回っては、小遣いを慎重に計算しながらを高価なレトロマンガを買った。まだインターネットが未発達だったから、店の名前と所在は電話帳で調べて、大阪市内の地図を持って自転車で駆けつけた。毎日が狩猟生活だった。あの日々以上に幸せだった時期は、僕の人生にほとんどない。そのときの情熱をいま思いかえしてみて、その頃の僕を支配していたのは、フランスの作家スタンダールが恋愛という現象に見いだした「結晶作用」だと思う。恋愛で観察される結晶作用が、求めるマンガにも起きていた。

もし愛されている女が自分の感じている情熱におぼれ、陶酔の激しさによって相手の不安を打ち消すという大きなあやまちを犯すと、結晶作用は一時やむ。だが恋愛から活気、すなわち不安が失われても、そのかわりに相手にすべてをゆだね、全幅の信頼を寄せるという魅力が加わる。快い習慣が人生のあらゆる苦痛を和らげ、恋の喜びにまた別種の趣きをそえる。／あなたが恋人の女に去られると、再び結晶作用が始まる。相手に感嘆するたびに、相手が与えてくれそうな、ただし以前のあなたは思いつきもしなかった幸福の姿を見るたびに、次のような痛ましい考察に行きついて終わる。「これほどすばらしい幸福を、自分はもう二度と味わえないのだ。しかもそれを失ったのは自分のせいなのだ。（スタンダール 2015: 41-42 強調は省略）

なぜ僕という人間にとってマンガがそんなにも大きな意味を獲得したのだろうか。理由はいろいろ考えられる。まずマンガというメディアが、実際の人間をデフォルメして表現する傾向にあることは、多くの人が認めるところだろう。この特徴に僕の心は強く感応したのだと思う。現実世界では発達障害者の割合は一割以下だから、学校生活を送っていても、なかなか「同類」に出会う機会はない。僕が未成年だった時代は、発達障害という概念そのものが社会に認知されておらず、僕もその当事者とは気づかなかったから、孤独はきわめて深かった。しかしマンガを読めば、出てくる登場人物の内面はしばしば大胆にデフォルメされている。つまり自分と似たような登場人物とたくさん出会えるのだった。そうして僕は大量のマンガを読み、そのなかに描かれた世界を自分の人生と重ねあわせつつ、息を吐いたり吸ったりした。かくしてマンガという表現形式は僕にとって、魂を震わせるものになった。

自閉スペクトラム症があると、多数の人とは脳神経の構造が異なっているために、標準的な心の動きを推察することが困難になる。いわゆる心の理論の障害と言われるものだけれど、マンガでは心の動き方が明快に説明されることが多い。それが自閉スペクトラム症者にとっては魅力的に思える。ふだん生活をしていてもよくわからない周囲の人々の心の動きが、マンガでは非常に明快に示される。その意味でマンガは僕にとって、ギュスターヴ・フローベール流に言えば「感情教育」を果たした。正確に言えば、感情教育の初等部としての役割を果たした。のちに小説や映画がその中等部を、実人生がその高等部を果たしたのだが、マンガはそれらの自己形成の道の出発点を示したのだ。

さらに言えばマンガ家たちは一般に、登場人物の外見や彼らが手にする物体や背景に広がる風景を、現実よりずっとメリハリをつけた陰影で表現する。それが、曖昧なものの把握を苦手とする自閉スペクトラム症者に、効果的な情報伝達を果たすことになる。マンガは平面的な紙に描かれているが、自閉スペクトラム症があると、空間を立体として把握するのが苦手になる事例があり、さまざまなものが平面的に見える。僕もそのような時空間に生きている。そこで、平面的な表現を深めてきたマンガというジャンルに惹かれやすかったのだと思う。

いまそんなふうにあれこれと考察していたのだが、休憩がてらSNSの情報を追ってみると、海外の新しい研究として、「自閉症の人は〈視線から心を読む〉ことに関して、マンガでは定型発達者より優れる」と題する英語の論文が出たばかりなのを知った。自閉症者が現実世界で人の顔色を読もうとしても、定型発達者に比べて不充分な能力しか発揮しないと指摘されてきたが、実際に調査してみると有意な差は出なかった。ところがマンガを使って比べてみると、自閉症者は有意に定型発達者より顔色を読みとる能力に優れていたというのだ。この場合のマンガとは日本流のマンガ文化に属する種類の表現形態ではなく、原語は「カートゥーン」だから「戯画的な絵」ということだけれども、僕にはとても興味深い研究に思われた。発達障害があると、マンガやアニメの熱烈な愛好家になる事例がとても多いのだが、それはマンガやアニメというマンガふうの絵を使った動画ジャンルで、自分たちの能力の「強み」のようなものを発揮できるからではないだろうか。

いずれにせよ、マンガの収集と考察は、高校生の僕にとって最大の嗜癖だったし、僕は巨大な飴玉に群がる蟻のようにして、この文化を散々しゃぶっていたのだ。のちに溺れたどの嗜癖よりも、僕にとってはマンガが最大の嗜癖だったと感じる。酒よりもセックスよりも僕の全存在を包みこむものだった。ひとつの転機は、高校三年生の春、東京の中野から全国展開を進めていた古書マンガ専門店のまんだらけが梅田店を開店して、関西に初めて進出したことだった。以前からまんだらけの分厚いカタログを新刊書店で立ち読みし、胸をときめかせていた僕は、開店日を待ちに待っていた。カタログから想像された実店舗の商品空間は、楽園そのものと思われた。遊歩を楽しむときは阿倍野や難波が多かった僕は、梅田の街もほとんど知らなかった。当日、くちゃくちゃに汚れた道を進みながら、僕は店に向かった。梅田の街並みは阿倍野や難波より洗練されていたが、それだけ殺風景に感じる場所も多く、苦手だったけれど、アーケード街などはさすがに昭和の香りを感じさせた。

そして僕が体験したのは、独特の意気消沈だった。店内に立ちあげられた商品空間が貧相だったわけではない。むしろ、それは期待以上だった。圧倒的と言っても良い。僕が知らない作品のレトロな単行本もたくさん売られていて、単行本には収録されていない作品を含んだレトロな雑誌が、高い値段をつけられ、並んでいた。一冊が数十万円という巨匠マンガ家の単行本もあった。しかし僕は、僕が数年来さまよいつづけてきたマンガ探究の舞台が、小学生時代の僕の心をみずみずしくうるおわせてくれていたあの広い草むらよりも、よく手入れされたベランダの小さな庭に似ていると感じたのだった。レトロマンガを探求して進む先には、果てしなく辺境の地が広がっていると錯覚していたけれど、実際にはもうほとんど人の手が入っていて、フロンティアは実質的に消滅していると気づいたのだ。

四〇歳を過ぎてから、僕がいろんな本を出しはじめた当初、「誰も行かないところへ行き、誰もやらないことをし、誰も書かない本を書く」を主義とする辺境旅行家で、ノンフィクション作家の高野秀行さんは、僕が出す本を気に入ってくれて、初めて会ったときに『みんな水の中』、『イスタンブールで青に溺れる』、『ある大学教員の日常と非日常』を恐縮するほど絶賛してくれた。高野さん自身が自認している発達障害の特性が、僕の文体や情景描写の筆致に共鳴したのだ。しかし、もしかすると高野さんは、僕がつねに辺境に憧れてきたという心情を、的確に読みとってくれたのかもしれない。僕は高野さんのように未開の地に探検旅行を敢行するとたぐいの勇者然とした人物ではないけれど、自分なりの仕方で身辺にいつも辺境を見つけて、それぞれの世界に耽り、詳しく迫ろうとしてきた。僕は「探検らしい探検をしない高野秀行」というわけだ。

まんだらけ梅田店から帰りながら、僕は「マンガ趣味も所詮は金持ちが有利になるチートゲームか」と思った。いまから考えれば、そりゃそうだという話だ。でも子どもだった僕は「冒険意欲に富んだものこそが勝つ」と素朴に信じていた。大阪の下町を自転車で走りまわって、踏み切りで電車が通りすぎるのを待ち、コロッケ屋の香りに鼻をくすぐられながらも、マンガのために無駄遣いはしないと決心を固める。そんな日々を送りながら、おそらく同級生たちの誰もやっていなかった研究者的な抱負を持ってマンガ収集をしていると、僕は「冒険すればするほど、新しい世界に行ける。自分の志によってすべてが変わって見えてくる」と確信を深めるばかりだった。ところが実際には、東京からやってきたまんだらけのような大型専門店に行けば、ショーケースのなかに他人たちの冒険の成果がきっちり正座するように並んでいて、僕たちは金さえ出せば、それらを自分の慰み物として自宅の本棚に囲うことができるのだ。そのように単純な仕方で手に入れたものが、狩猟家を興奮させることがないのは、言うまでもない。生きるか死ぬかの狩猟にのめりこんできたのに、つぎの瞬間には、釣り堀であくびをしながらやるニジマス釣りのチケットを渡されてしまったのだ。

マンガに対する興味をおおむね失うのに対応して、僕にとっての新たな辺境がせりあがってきた。それはそうだ。辺境が消えれば、別の辺境に向かう。嗜癖を失えば、別の嗜癖がしがみつく。それが僕の人生なのだから。新しい辺境にして嗜癖になったもの、それは文学だった。小学生の頃からずっと、僕は毎日学校の図書室に通い、公共の図書館にも足を運んでいたけれど、けっして熱心な文学ファンではなかった。マンガを除くと、もっとも好んだのは歴史記述の本で、いわゆる純文学の小説よりも前近代の歴史書や歴史ノンフィクションの愛好家だった。しかしそれでも僕は純文学をつねに読みつづけてきたし、マンガに飽きるや否や、それへの関心が爆発的に肥大化していくことになった。

文学作品が、人間理解を導いてくれた。小学生のとき、周囲の子どもたちが何を考えているのかまったくわからなかったのに、子ども向けに書きなおされた古典的な物語を読むと、人間の心理を洞察するための知恵がたくさん潜んでいるのを発見した。おとな向けの純文学小説は難解でも、そこに描かれるこまかな描写は人間観察の参考にすることができた。日常生活でも、僕は周囲の人の眼球の動き方、呼吸の仕方、頬の筋肉の動き方、声の微妙な調音の具合などをいつも緻密に観察したけれど、それの表面的現象に内蔵された心理的メカニズムの秘密は、純文学の小説を読むことで、わかりやすく理解することができた。マンガをおおむね卒業した僕は、文学によって人間存在の謎に迫っていきたいと願った。

高校時代にマンガと本の収集と読解に明け暮れ、授業をよくサボって「狩猟」に行き、予復習の時間を犠牲にして狩猟した獲物の肉を味わうことに耽溺しつづけた僕は、ごく自然な流れで大学受験に失敗した。国公立大学だけが対象で、家の経済状況を考えると、私立大学を受験することは不可能だった。しかし思ってもみなかったことに僕は、難波にある駿台予備校に通わせてもらえることになった。それなりの月謝がかかったわけだから、いまでも親にとても感謝している。というのも当時、両親は借金を膨らませていて、翌年僕が大学に入ったあとには破産してしまったほどなのだ。家の苦しい状況はわかっていたのに、僕はまもなく予備校の授業にほとんど出なくなってしまった。阿倍野よりも北にある難波の一帯やもっと北にある梅田の古書店を熱心に回りはじめたからというのがひとつ。

古本趣味はだいぶ衰えていたが、その残り火のようなものが僕の心にまだ少しくすぶっていて、環境の変化が心の火に薪を追加したのだ。

しかしそれ以上に、同じ予備校に通っていた親友のひとりから、近隣に大阪市立中央図書館があることを教えられ、そこに日参するようになったのは決定的だった。この図書館は関西で最大級の図書館で、僕はたちまち蔵書に恋した。まんだらけ梅田店とは大いに異なった心理的メカニズムだった。たくさんの本が整理されて並べられているという点では変わらないのに、本の世界にはもうかなり詳しいと思っていた予断がくつがえされて、とくに文学作品が多く揃っていることから、「あれも知らない、これも知らない」と未知の世界が無限に広がる辺境的な何かをひしひしと意識したのだ。その頃にはあまり行かなくなっていた大阪球場の古書街とも対照的だった。あの古書街に通いはじめた頃に感じていた怪しい雰囲気は、公立の大型図書館には皆無だった。大阪市立中央図書館は、珍奇ではなやかな外国の昆虫たちが明るい部屋で標本に仕立てられて、ずらりと並べられているような印象があった。よく知っていたはずの世界が、ほんとうは何も知っていなかったのだと実感された。

あれから二〇年以上が経ったいまでも、僕はこの図書館に一年に数回は出かけている。専門的な本なら、東大阪市にある大阪府立中央図書館や、卒業生として利用できる京都大学内の各種図書館のほうがずっと揃っていて、それらもよく利用するのだけれど、かつての感動の後味が心地よくて、ついつい大阪市立図書館のほうを多く利用してしまうのだ。予備校時代は毎日この図書館に入りびたって、古今東西の文学作品を読みふけった。それは必ずしも進路に無関係というわけではなかった。僕はそれまで五、六年ほどのあいだ夢見ていた歴史研究者になるという夢を捨てて、文学研究者になろうと決意した。そして、大学はレベルを落としてほどほどの公立大学に入り、そこで文学研究の力を蓄えて、大学院からもっと大きな大学に移って、研究者になるための訓練をしようとする計画をした。僕の人生は実際にそのように展開して、大学院時代には先輩から「学歴ロンダリング」と揶揄されたこともあった。

好みの文学作品を読んでいて、とりわけ興奮する箇所に出会うたびに、それらの記述は覚醒をもたらす薬物のように作用した。「そう感じることがあるのか」とか「そんなふうに考えられるものなのか」という驚きが、極上の快晴の空を頭上に立ちあげるのだ。他方で、詩や小説のなかの美しい描写が心をとろとろにほぐして、海のなかに潜っているかのように酩酊させてくれることもある。覚醒も陶酔も「できれば手を切りたいのに不可能」という心理も贈ってくれるという点で、文学作品は嗜癖そのもので、この点にこそ僕が文学作品をいまでも愛するいちばんの理由がある。

言うまでもなく、覚醒も陶酔ももたらしてくれない文学作品というのはたくさんあるし、世間で高く評価されていても、僕にとってはほとんど意味をなさない作品はいくらでもある。周囲の文学マニアが興奮していても、僕はその話題に乗らず、そっと逃げだす。僕は文学作品というものに対して、わりと複雑な心境を抱いている人間だと思う。

第六章　大阪（２）——辺境としての西成

大学生になると、大阪の実家から京都にある大学まで毎日通学するようになった。片道で二時間以上を費やした。電車のなかでゆっくり読書を楽しめるから、苦痛まみれということではなかったけれど、自閉スペクトラム症の感覚過敏があるので、満員電車は人一倍きつかったと思う。人が多いと、ますますひとりぼっちに感じる。

京都府立大学の大学生になるとすぐに、アルバイトをいろいろと始めた。授業が終わると、京都の四条通にある百貨店に向かう。サークルの先輩に紹介してもらった仕事だ。週に二回、五時から八時までギフトコーナーで洗剤などの包装、発送、倉庫整理を担当した。祇園祭で店舗周辺が賑わっていた時期のことをよく覚えている。長年京都に住んでいるから、いまでは祇園祭の山鉾を見てもほとんど感慨が湧かなくなったけれど、初めて見た時はやはり感動した。夜になってから京都から大阪の西成に移動して、週に三回ほどのペースで、コンビニエンスストアの深夜バイトをやった。二二時に前の時間の担当者たちから業務を引きつぎ、朝五時まで続ける。あいだに短い休憩が二回ある。慣れてくると、七時半まで延長して働くように求められることが多くなった。ほかには月に一回程度、かつて

祇園祭の月鉾

通っていた駿台予備校で試験監督のアルバイトに従事した。東大阪市にあるマンモス大学に足を運んで、朝七時から夜七時まで業務に携わる。

僕は呆れるほど無能な労働者だった。この三つのバイトのうち、百貨店とコンビニのものは時給が一〇〇〇円だったから選んだ。予備校のバイトは日給八〇〇〇円だったが、自分にもできそうだという予感があって選んだ。始めてみると、失敗に次ぐ失敗を経験した。百貨店で仕事がないと、僕は虚脱状態になって、ぼんやりと立ちつくしてしまう。上司から「仕事が一段落したら、気ィ効かせて、自分から仕事を見つけて、自発的にこなしてほしいねん。ほかの曜日に入ってくれてる子らは、ちゃんとそうやってるんやで」と叱られた。コンビニでは、三〇代前半の某吉本芸人にそっくりな店長が、毎月シフト表を作るたびに、バイト店員の名前の順序を入れかえて掲示していた。あるとき仲間から「店長の現在のお気に入り順」だと指摘されて、店長や仲間のふだんの言動を思いだして、「なるほど!」と納得できた。僕はそのシフト表でいつも最後の三人に入っていたから、ビリ争いを演じていたわけだ。試験監督をしていて、あるとき「試験開始!」と号令したところ、教室が大きくどよめいた。僕は問題用紙を配ったことで安心してしまい、回答用紙の配布を忘れたまま、試験開始を宣告したのだ。まさしく発達障害者らしい働きぶりだったと言える。アルバイトに疲れきって、深夜バイトあがりにまた京都に来て、うとうとしながら授業に出て、眠りこんではヨダレで教科書がヌラヌラになった。一回生で授業が詰まっていたから、あれこれとサボって、たくさん単位を落とした。

なぜそうまでして働いていたかというと、親元を離れて下宿したかったからだ。実家の家計は火の車だったから、僕が自立すると、さらに仕送りが発生するため、親は無条件では許してくれなかった。いろんなことがいつも抜けている僕の頭には「奨学金を借りる」という発想がなくて、アルバイトをやりまくるしかないと思いこんだのだった。幸いなことに、一年と経たずに京都でひとり暮らしを始められるだけの資金が貯まり、同級生から「奨学金を借りればいいのに」とツッコまれて、ようやくその知恵がついた。下宿を始めると、三つのアルバイトをすべてやめた。いきなり何もかも投げだして、新しいバイトをやらない、という極端さもいかにも発達障害者らしいといまでは思う。

コンビニでの深夜バイトが、とりわけ心に残りつづけた。現在の西成は、安宿が多いということで外国人のバックパッカーがよく訪れるようになっているから、国際的な雰囲気があり、隣接する天王寺、阿倍野、新世界などで再開発が進んでいるから、だいぶ安全な印象に変わっている。でも西成の中心部にある釜ヶ崎（別名「あいりん地区」）は当時、よく使われた言いまわしどおり「日本最大のスラム街」だった。高校時代に古本屋をめざして初めてこの街を訪れたとき、あちこちで出くわす悪臭に何よりも参った。「下水道が整備されていないのだろうか」と不安になった。あるいは、あちこちで人間のと動物のとを問わず排泄物が放置されていたのかもしれず、そしてそれに無数の吐瀉物が彩りを添えていた(?)のかもしれない。辺境を愛する僕は、この街をもっと詳しく知りたいと思った。それで大学生になると、地元民でもないのに、よりにもよってこの街で、よりにもよって深夜の労働を選んでしまった。僕は大学の授業の課題として読んだシェイクスピアの『マクベス』を連想しながら、バイトをやっていた。将軍マクベスは主君のスコットランド王ダンカンを殺すまえ、血塗られたナイフを幻視しながら語る。

いま世界の半分では／大自然も死んだように眠り、邪悪な夢が／とばりの下の眠りをかき乱している。魔女たちは／蒼ざめたヘカテの祭壇にぬかずき、痩せこけた人殺しは／見張り役の狼に起こされ、／その声を合図に抜き足差し足、／ルークリースを手ごめにしたタークウィンよろしく／獲物に向かって亡霊のように忍び寄る。不動堅固な大地よ、／俺がどこへ向かおうと、足音を聞くな。さもないと／足元の砂利までが俺の居所をしゃべり、／この場にふさわしい恐怖の静寂を破ってしまう。(シェイクスピア 1996: 51)

春にアルバイトを始めたけれど、土地柄、ホームレスやヤンキーやヤクザの男たちが客として店を訪れるのが多く、こちらが店員側なのに、客になって見世物小屋を楽しんでいる気分になった。万引きも多発して、あるときは店長から奥の部屋に来るように言われ、テレビで映像を見せられた。僕が深夜にひとりでカウンターに立っていて、もうひとりのバイト店員は奥の部屋で休憩している。僕は客が入ってきたのを見て「いらっしゃいませ」と声をかけるが、すぐにカウンターでやっていた新聞の仕分け作業に戻って、うつむいてしまう。万引き客は僕の様子を確認して、男性用の化粧品をさっと取って、カバンに入れる。そして店を出ていく。僕は自分の手元の作業に気を取られていて、客に向かって何か言葉をかける様子もない。自分の無能ぶりを可視化してもらえて、印象的な映像だった。

秋になると、コンビニのトイレを借りようとする人たちの一部との闘争が始まった。買い物をするでもなく、トイレだけ利用して帰る客を店長は心の底から憎んでいた。そういう客に不満を感じるのはコンビニの店長としては自然なことかもしれないけれど、問題はホームレスか浮浪者かわからないが、トイレを借りて、そこにこもったまま一夜を過ごすこともあるという問題だ。トイレに入ってしまうと、鍵をかけて出てこなくなるので、使用時間があまりに長いと判断すると、ドアの外からノックして退出を促し、抵抗するそぶりを見せると鍵でドアを開けて、むりやりに引きずりだす。そんな作業を何回かやっているうちに、僕は「人権とは何か」という問題に頭を悩ませるようになった。学校教育や豊富な読書によって僕のなかにはぐくまれていた近代的な人間観が、崩れさっていくような気がしたのだ。

職場のコンビニがあった地域には、店長が競合相手として敵視するコンビニが三軒あった。冬になると、その三軒のコンビニすべてに強盗が入って、うちのコンビニだけが無事だったと店長やバイト仲間から聞いた。もちろん偶然の結果だと思う。僕は京都に転居する際に、この職場をもっとも離れがたいと思った。西成に対する民俗学的あるいは文化人類学的な関心が僕を捉えていた。場合によっては京都から週に何度も大阪に通って、このバイトを続ける可能性もあると考えた。引っ越した以上、学割のついた定期券は購入できず、かなり利益の少ないバイトにはなるけれど、そのくらい後ろ髪を引かれたのだ。

しかし僕はこの強盗の件を、「これは、ここではもう働くなという天啓のようなものではないか」と解釈しようとした。実際には僕は神秘的なお告げのたぐいをまったく信じていないのだが、とりあえずそう考えてみた。すると、今度は授業にほとんど出られなくなっていて、たくさん単位を落としそうだという事実（実際にそうなった）が頭のなかでわらわらと沸騰した。それで、僕は、西成のバイトも諦める道を選んだ。

二回生になると奨学金を借りて、ほとんど同時に実家が破産したので、大学に授業料の減免も申請した。ありがたいことに、それ以来の三年間と、京都大学の大学院に進学してからの五年間、僕は一度も授業料を払わずに済んだ。実家の経済状況がやばすぎて、ずっと全免の対象にしてもらえたのだ。バイトに関しては、音楽イベントで着ぐるみを来て宣伝するなど、単発的なバイトだけをときどきやって、あとは大学の勉強と読書に集中するようになった。そして恋人ができて、さまざまに発達障害者らしい困難はあるにしても、それなりの青春を謳歌することができた。

西成で働いていた時期から一〇年以上が過ぎて、京都大学の大学院での勉強を終え、相

釜ヶ崎の公園

新世界と釜ヶ崎のはざまで

前後して貯めた奨学金を使った海外旅行をやって――『イスタンブールで青に溺れる』を読んでみていただけるとありがたい――、母校の大学に就職し、海外に行くのも飽きたあとに、僕は一年に数回は西成の安宿に泊まることに喜びを覚えるようになった。新世界と釜ヶ崎の狭間にある地域、JR西日本の新今宮駅や大阪メトロの動物園前駅などが立地している一帯には、たくさんの安宿があって、一泊わずか一六〇〇円だった経験もある。部屋は、かつて劣悪な条件で働いていた日雇い労働者が住んでいたことが容易にわかる、布団を敷いたらもうほかに余地はないせせこましさだ。でも、このような西成の安宿に来ると、非日常的体験を手軽に味わうことができる。街も近隣の区画も急速に変貌しつつあるから、昼間ぶらぶらと散歩して、近過去の記憶と比較するのも楽しい。

最近では二〇二一年の一一月に、一週間連続して西成の宿を取った。それだけ滞在しても、宿代は合計一万円ほどだった。毎朝、周辺のさまざまな場所へと出かけて、喫茶店でモーニングセットを頼んだ。多くの店が、創業時の昭和を忍ばせる内装なのがうれしかった。一九七〇年代あたりに流行したらしいキッチュな趣味の室内画が飾られてあったり、一九八〇年代や一九九〇年代のものと推測される扇情的なチラシが貼られたままになっていたりで、ずいぶんと褪色している。三五〇円くらいでトースト、ゆで卵、ホットコーヒーのセットを楽しめる店は珍しくない。日本ではないかのような価格設定が、辺境の雰囲気を立ちあげてくる。価格設定が五〇円、六〇円、七〇円の商品がたくさん並んだ自動販売機も見かけた。かつて訪れた東南アジアの貧しい地域を思いだしてしまう。その価格帯では、味に満足できないのではないかと考え、買うことはなかったのだけれど、感動して写真を撮影した。

　モーニングを堪能すると、地下鉄に乗って西長堀駅まで行き、その出入り口からつなが

西成の自動販売機（2021年撮影）

っている若い頃から偏愛してきた大阪市立図書館に入る。そして読書三昧に耽る。読むのに疲れたら、パソコンを使用できる部屋に行って、原稿を書く。帰るときは頭をほぐしたいという思いもあって、歩いて帰った。五〇分ほどで宿泊先に到着する。帰り道は都心部を抜けていくのだけれど、樹木や空が見せる秋の気配が美しい。西成では自然風景を楽しめるところが少ないだけに、この地域を出て大阪の街中を歩いていると、秋の景色はことさら美しく感じられる。ジョン・キーツの詩「秋に」を思いだす。

> 狭霧とまどかな実りの季節よ、／純熟を促す太陽の心からなる親しき友、／その友と力を合せ企む季節　どのようにして／藁葺の軒端を廻る武道をたわわな房で祝おうか、／鄙の家居の苔生す樹々を林檎の重みでたわめ／すべての果実を芯の奥まで熟れさせようか、／瓢をまろやかに太らせ　甘い仁で／榛の果をふくらまそうか、　蜜蜂のため／遅咲きの花の蕾をなおも多く　いよいよますます綻ばそうかと、／蜂どもが暖かい日々のついに終ることがないと思うまで／ねとつく蜂窩の隅々を溢れる蜜で夏が満たしているのだからと。
>
> （宮崎 2005: 173）

図書館のそばにはスーパーマーケットがあり、そこで買った鶏の唐揚げ弁当を昼食にしていた。場所は図書館入口前の憩いの広場だ。あるとき鳩がいたので、良くないことかもしれないと思いつつ、唐揚げの衣を少しちぎってあげると、もう一羽が飛んできて、二羽が交互に衣を突つきだした。自然なことだが、にわかに喧嘩に発展する。いや、あとから来たほうが始めからいたほうを追いかけて突つきまわしているから、喧嘩というよりは迫害に見える。しばらくすると収まったので、僕はかわいそうに思って、先にいて迫害されていた鳩のまえに、また衣を放った。すると三羽めが飛んできて、今度は三つ巴の奪い合いが始まった。「しまった」と思い、善意で仲裁するべく、争っている鳩たちに近寄ると、三羽とも逃げさって、衣だけが残された。僕はそれを拾って、食べおわった弁当の容器に入れ、ゴミ箱に捨てにいった。

日曜の朝は男児向けと女児向けのアニメ、特撮ヒーロー番組、ゲーム宣伝番組を観た。『遊戯王SEVENS』、『ポケモンの家あつまる?』、『トロピカル〜ジュ！プリキュア』、『仮面ライダーリバイス』、『機界戦隊ゼンカイジャー』と観ていくけれど、ちっとも惹かれるところがない。「日朝(にちあさ)」と呼ばれるこれらの児童向け番組を最後に観たのは、高校生のころだろうか。あの頃、自他ともに認める筋金入りのアニメオタクだったけれど、「こういうのはもういいかな」と思って、この分野、つまり「ガチの児童向け番組を、おおきなお友だちが楽しむ」というオタク世界の伝統から遠ざかったのを思いだす。おもちゃなど関連商品を売るために作っていることが全開で表現される番組ばかりなので、資本主義に強烈な抵抗感がない僕でも気持ちを削がれてしまう。

夜になると、安宿でビール、リキュール、ウイスキーなどをちびちびと飲む。ふだん僕は自宅でいっさいテレビを観ないから、宿泊したときにはテレビ番組を満喫するのが大きな快楽だ。世間の人が飽きているだろう内容でも、稀にしか観ないから、かなりおもしろく感じる。

釜ヶ崎のすぐ東の地区には、むかしの遊廓が現在にまで残った飛田という街がある。置屋と呼ばれる一軒家が並んでいて、小さい店の店頭に娼婦たちが煌々とした明かりに照らされて並んでいる。彼女たちはしばしば顔を美容整形していて、絶世の美女だけれど、サイボーグ的な印象を与える。ちょっぴりの時間を使って彼女たちと性行為をするのにも、たくさんの金がかかる。僕も若い頃の短い時期に夢中になったけれど、いまではなんの興味も湧かず、その地区に行こうともなかなか思えない。大金を払って、五分くらいのあいだ性器の結合に励んでも、心の交流がない以上、かえって自分の人生の虚しさに打ちのめされてしまう。それでもホテルでウイスキーを舐めながら、その街で多くの男たちがサイボーグ美女たちの体を虚しく求めて必死でいる様子を思いうかべるのには、独特の風情がある。

第七章　神戸（1）──約束の地

僕は神戸の街にたいへんな憧れを抱いてきた。大阪で生まれて育ち、そのあとはずっと京都で暮らしてきたから、関西のもうひとつの中心地、神戸に心が誘われがちなのだ。

小さい頃は毎年夏に、同居していた父方の祖母に連れられて、明石市に住んでいた大おば、つまり祖母の姉の家に遊びに行っていた。近くにある水田に入って、カブトエビやホウネンエビを捕まえ、観察するのに心がときめいた。あの田んぼは勝手に入って良かったのだろうか。おそらく小さい子どもだから黙認されていたのだろう。近くには大おばの経営する駄菓子屋があって、商品の凍らせたチューペット（チューブアイス）を特別にわけてもらって齧（かじ）るのが清らかな思い出だ。

同じ兵庫県でも、幼少時になじんでいた明石と異なって、神戸を初めて訪れたのは、大学院を出て、三〇歳近くになってからだった。当時夢中になっていたレコード収集のために、京都や大阪のめぼしい店を回りおわって、僕にとっての辺境の地として神戸が候補にあがったのだった。僕にとって神戸は長いあいだ日常的に思いを寄せる場所で、僕はかつてラジオをつうじて、いつも神戸に思いを馳せていた。

僕が小学五年生のときから大学に入る前後まで、僕は八年以上も神戸にあるラジオ局「ラジオ関西」（一時期の名称は「AM神戸」）で放送している『青春ラジメニア』という番組を、毎週欠かさず聴きつづけた。平成最初の年、一九八九年に放送が始まって、三〇年以上が過ぎた現在も放送が続けられている老舗番組だ。アニメの曲（アニソン）や特撮番組の曲（特ソン）を専門に流す番組なのだが、この分野ではきわめて先駆的な存在と言える。

放送が始まった年に、小学生だった僕は、高校生で芦屋に住んでいた母方の従兄（いとこ）からこの番組を教えられて、たちまち虜（とりこ）になった。深夜〇時から二時までの番組を毎週カセットテープに録音して、流れてくる曲のなかから、気に入ったものを選び、別のカセットテープにダビングしていく。そうして、自分なりの音楽コレクションを増やす。自閉スペクトラム症児を捉えやすい収集と配列の欲求をぞんぶんに満たしてくれる作業だった。ほんの少し前まで没入していた昆虫採集が、アニソン・特ソン採集へと、いわば衣替えを果たしたのだった。

自然なことに、それらの曲を主題歌や挿入歌として使用していた古いアニメ番組や特撮番組への興味が高まったのだけど、インターネットが普及していない時代だから、個々の番組がどのようなヴィジュアルなのかは多くの場合、わからない。曲からとてもカッコ良い、あるいはかわいらしいキャラクターやメカを空想していたものの、ずっとあとになってからインターネットで実物の人物造形やメカデザインを知って、呆れてしまったことも珍しくない。かつての昭和のアニメ作品では、カッコ良い音楽性を示すことができても、カッコ良い視覚性を併存させることが困難だった。

『青春ラジメニア』は聴取した期間が長かっただけに、思春期の僕の自己形成に大きく関与した。自室でレトロなマンガを読んで、居間のテレビでレトロなアニメを見て、外出中にウォークマンのパチモン商品でラジオ番組から抽出したレトロなアニソンや特ソンを聴くことは、僕にとって、自分が知らない時代の日本に対する率直な好奇心に対して、水と養分と陽光を与えつづけることを意味した。これらの「オタク的」な関心の延長線上に、マンガやアニメや特撮番組などに直接的に関わらない過去の歴史への関心が、繁茂した。歴史一般もまた間接的に、いくつもの媒介項をつうじて、マンガやアニメや特撮番組との連関性を持っていたからだ。作品の制作背景にはその時代の歴史が横たわっているし、関わるスタッフたちや出演者たちは当然ながら生身の人間としてそれぞれの時代を生きていたのだし、作品内容が過去の歴史についての知識を前提にしている場合も稀ではない。

高校二年生だった冬、阪神・淡路大震災が発生した。僕が住んでいたのは大阪の埋立地だから、震源地の淡路島は目と鼻の先に位置していた。早朝の激震で、僕たちが住んでいた団地もだいぶ揺れたらしい。「らしい」というのは、僕の実家の家族はみな飛びおきて、大騒ぎをしたけれども、僕だけが熟睡していて、眼を覚ませなかったからだ。そして七時すぎになって、僕は「うわああ、遅刻する」とうろたえつつ、とうとう起きだした。すると家族はテレビから流れてくるニュース映像を注視していて、妹が僕をちらっと見てから、「きょうは学校ないで」と言った。僕も家族と一緒にテレビを観入って、神戸の惨状に驚愕した。家族は僕を起こそうとして必死だったんだよ、と僕を非難した。

あのときの廃墟まみれになった神戸の街を、現地に赴いて自分の眼で直接的に見ておくべきだったと、いまでも後悔している。その年頃の僕には、ラジオを聴きながら毎週のように想像をめぐらせていても、神戸は実際に行くには遠い街だった。神戸の中心にある元町や三ノ宮は、阿倍野や難波や梅田といった大阪の街のずっと向こう側にあって、高校生にとっては交通費が痛かった。その三年後、大学生になっていたときに地震が起きていたならば、アルバイトをしていて、金銭的に余裕があった僕は、まちがいなく現地に行っていただろう。

また僕は思春期の頃、社会に対する興味がとても薄かった。家庭のこと、学校のこと、将来のことが全身に重苦しくのしかかってきていて、社会に対するふくよかな想像力を抱くことができなかった。ちょうどサブカルチャーの世界では、主人公が生活環境や社会を一挙に超えて世界の終末と向きあう「セカイ系」と呼ばれる作品が生まれはじめていたけれど、そういう作品は僕の精神世界にぴったり寄りそった。神戸の壊滅は、たしかに世界の終わりの一端だと感じられたものの、僕は自分に迫ってきていると感じられた終末の予感と個人レベルで向きあうことに、必死になっていた。同じ年に社会を同じくらい揺るがしたオウム事件や、二年後の神戸連続児童殺傷事件（酒鬼薔薇聖斗事件）に関しても同様だった。カルト宗教の家に育った者として、またすぐに暴走しそうになるひとりの人間として、それらの事件に興味を惹かれつつも、事件の猟奇的な側面に関心が向かってしまい、自分の境遇と照らしあわすことは多くても、教団を取りまく社会の側には関心を持てないでいた。それは自閉スペクトラム症の特性を、思春期が増幅させていたのだろう。発達界隈では、自閉スペクトラム症は「万年厨二病」などと言われることもあるが、僕たちは思春期には「周囲よりもずっと厨二病的」だったはずだ。

大学に入ってアルバイトにあけくれるようになると、親友を超えた親友のような存在だった『青春ラジメニア』を聴く時間的および精神的な余裕はなくなった。カセットテープに録音して、大学やバイト先を行き来するあいだ、ウォークマンのパチモン商品で再生していても、なんとなく遠い世界のことのように感じられるようになった。自分が自立への道を歩むようになって、少年時代に心の支えになっていたものを、必要としなくなってしまったのだ。大学一年生の終わり頃から京都に住むようになると、ラジオでこの番組を聞いても雑音が多く混じるようになったのがおもしろくなく、聴取する習慣を完全に手放した。

思えば、未成年時代の僕をもっとも全面的に捉えたのが、マンガ収集だとするならば、僕をもっとも長期にわたって捉えてきたのは、『青春ラジメニア』だった。考えれば考えるほど、それらは嗜癖として働いていた。おとなになったあとの酒やセックスへの没頭と比べて、いかなる感覚的な差異が感じられないのだ。陶酔と酩酊の度合いだけではない。この番組から好みどおりの楽曲をダビングするとき、僕はほとんど窃視症的（こっそり性的な姿や行為を見ることをやめられない精神疾患）な依存状態にあったと思う。フランスの作家アンリ・バルビュスは、小説『地獄』で窃視症と考えられる詩人の姿を描いていて、その主人公はパリの下宿で、自室の壁の穴から他者の私生活を覗いて楽しむのだが、その状況は僕のダビング行為が表面的な姿だけ変えられて、提示されているかのようだ。

女は扉をしめて鍵をかける。それは彼女をさらに少し神々しいものにする。ひとりになりたがっているのだ。きっと、着物を脱ぐために、その部屋にはいってきたにちがいない。／ぼくはこの女がここへ来ているいきさつを理解しようともしないし、この女を眼で所有するという、自分のこれから犯そうとしている罪を詮議しようとも思わない。ぼくはふたりが因縁のきずなに結ばれていることを知っている。そして全心、全霊、全生命をもって、女がぼくに眞の姿を見せることをこいねがう。／女は、なにか考えて、ためらっているように見える。ぼくは彼女の全身がなんとも言えずういういしい魅力をそなえているにちがいないと想像し、彼女がずっとまえから裸かになるためにひとりになれるのを待っていたように思う。彼女は、まだ戸外の空氣にいためつけられ、通行人からさわりちらされ、男たちのひきつった顔に全身をさぐられているように感じているのだ。それで、この壁のなかにのがれてきて、そうした接觸がいくらか薄れるのを待って、着物をぬごうとしているのだ。／ぼくは、女の心に、處女的でまた肉慾的な考えを讀みとって、悦にいる。そして、壁にへだてられながらも、自分の身體が女の身體のほうへ乗りだしてゆくような氣がする。（バルビュス 1954: 32-33）

『青春ラジメニア』を聴かなくなってから一〇年ほどが過ぎて、二〇代の終わりに僕は神戸を初めて訪れた。僕は、この街を幾度も想像しながらラジオを聴いていた一〇代の日々を思いだして、ほとんど「約束の地」を歩いているのだという感激に包まれた。ラジオ関西のスタジオがある神戸ハーバーランドの一帯を含めて、神戸中心部にあるさまざまな場所をひたすら歩いた。訪れたきっかけは、すでに述べたように、その頃レコード収集に夢中になっていて、好みの店を新たに開拓したかったから。古本収集はしなくなっていたけれど、古本屋もあちこちに回って、大阪や京都で味わうのとは別種の新鮮な雰囲気を楽しんだ。

歩いてみると、坂道が多いのが魅力的だと思った。三宮から元町に続く一帯を中心軸として、東西にべらああんと広がった地形は、平地が多い大阪や京都とおおいに異なり、魅力的に感じられた。大阪の堀江、阿倍野、アメリカ村など、あるいは京都の四条河原町は「オシャレ」な地区として人気だけれど、ファッションセンスのない僕には、自分に無関係としか思えない。しかし神戸のオシャレさにはかわいげがあるような気がして、街を闊歩する人たちの姿に眼が奪われた。もちろん、僕の勝手なイメージで言っているだけだから、実質をともなった美的評価とは言えない。

神戸を歩いているると、京都や大阪よりも昭和を感じやすいところも気に入った。京都では前近代を感じやすく、大阪では現在を感じやすいのに対して、神戸では近過去を感じやすいのだ。そこに僕のレトロ趣味が反応する。洋風のビルの多い旧居留地の一帯が、この町の黄金時代が、日本が近代化した初期にあったことを伝えている。荒廃した印象の高架下をさまよっていると、あちらこちらで昭和時代の生活臭にくるまれた。この街はまるごと、僕が郷愁を覚える時代の日本をタイムカプセルに収めたものと感じられた。

そうして三〇代の頃は、神戸に頻繁に行くようになった。大阪と京都をよく知る僕にとって、この街は「ミッシングリンク」のようなもののように受けとめられた。つまり、僕自身の人生を補完してくれる秘密の時空間のように思われていた。三〇代のなかばに、大阪で乗っていた地下鉄のなかで、『青春ラジメニア』の公開収録イベントが神戸で開催されるという広告をふと眼にした。始まってから四半世紀もこの番組が続いていることに僕は驚いた。僕は生き別れになっていた少年時代の親友に会うような心持ちで神戸に出かけて、かつての小学校の体育館を改装した会場で、夜の二時間の公開収録に浸った。

感動に包まれた僕は、京都からでもなんとかしてこの番組を聴けるようになりたいと願い、インターネットを通じた全国規模のラジオ配信サービス、Radiko（ラジコ）が数年前から実用化されていることを知った。聴いてみると、AM放送のラジオ番組を初めて雑音なしに聴けることに感動した。それからまた、『青春ラジメニア』をかれこれ九年くらい聴いている次第だ。

いまの僕は、アニメを観る機会をほとんど持たない。アニメの主題歌を聴いても、たいていの曲は僕の心に訴えかけてくることはない。それはそうだろう、僕が一〇代だった頃にも、僕は同時代のアニメ番組や特撮番組にほとんど関心を持てず、自分よりも上の世代のアニメ番組や特撮番組に関心を燃やしていたのだから。それでも、僕は『青春ラジメニア』を聴きつづける。僕の少年時代には、さまざまな苦しい局面があった。いまでも僕は、毎日のように「地獄行きのタイムマシン」に乗せられて、幼少期のつらい場面をフラッシュバックとして再体験しつづけている。しかし『青春ラジメニア』を聴いていた時間には、僕はたしかに天国にいるような――信仰させられていた教団流に言えば「楽園」にいるような――快楽を味わっていた。だから僕がいまこの番組を聴いているときには、とくにむかしこの番組で聴いて、カセットテープに収集したお気に入りの曲がかかるときには、僕は「天国行きのタイムマシン」に乗りうつることができるのだ。

第八章　神戸（2）――沢渡さん

いまでも神戸に行くたびに、沢渡さんのことを思いだしてしまう。沢渡さんは僕の父よりも少し年少なので、「親子ほど年が違う」と言われるような年齢差がある。沢渡さんの店で売っている商品は、古本が三分の一、レコードやＣＤが三分の一、昭和や平成のレトログッズが三分の一といった按配だ。雑多に見えるのに、「これぞ」という商品にはコメントカードがつけられていて、そこに書かれた短い文章には、いつでも沢渡さんの独特の美意識が感じられて、僕の心を掴んで離さなかった。

僕は沢渡さんとその店の熱心なファンだったから、三〇代の初めは半年に一度くらいの頻度で神戸に出かけていた。ほんとうはもっと頻繁に行きたかったけれど、鬱陶しがられそうな気がして、遠慮していたのだ。数件の古書店、中古レコード店、レトロ雑貨店を回ったあと、僕はいつも沢渡さんの店に立ちよって、粋（いき）な印象を与えると睨んだ商品だけを少し買って帰った。沢渡さんは観察力が鋭い人で、客たちについての観察記録をＳＮＳでよく発信していた。僕は沢渡さんと親しくなりたいと思いつつ、いかにも自閉スペクトラム症者らしくコミュ障で、どうやって接近したら良いのかわからず、会話するときと言えば、レジに商品を持っていくときだけだった。

「おねがいします」

僕がそう言って商品を置くと、沢渡さんは品物の値札を落ちついて暗算で計算し、無言があたりを支配する。しばらくして沢渡さんは口にする。

「全部で二八〇〇円になります」

僕は黙ってお金を渡し、沢渡さんから釣り銭を受けとる。それだけの関係だった。僕は沢渡さんに一目置かれたいという思いが強く、自分が欲しいもののうちから、沢渡さんが「これを買うなんておもしろい客だな」と思ってくれそうな商品だけを選んで買うように注意した。沢渡さんはＳＮＳで活発に自分の趣味嗜好を発信していたから、どのようなものを好むかは、よくわかっていた。

沢渡さんはふだんは無愛想で、その顔の表情は、気に入らない客たちにいまにもケンカを売るのではないかとハラハラさせることが多かったけれど、僕が行くと、そのたびに安心したような笑顔を見せてくれたから、お気に入りの客のひとりと見なされていたはずだ。僕もいつか古本屋を運営したら、「一味ちがう」ものを買ってくれる客を好ましく思い、一目置くはずだ。僕たちの心は、商品の売買という経済行為をつうじてだけれど、通いあっていると思っていた。そのうちＳＮＳで僕について何か書いてくれるかと待っていたものの、沢渡さんは案外と慎重で、僕について何か書いたことは一度もない。

ところで、それより一〇年以上前、二〇才の頃から学部で専門的な勉強を始めて、それからの一〇年ほどで、僕は古本屋への興味をめっきり衰えさせてしまっていた。雑多な知識を漁るよりも、自分が専門として選んだ狭い領域に深く潜航することが楽しく、自分の将来にとっても望ましいと判断した結果だった。加えて、古書をオンラインで入手することが一般的になりはじめ、思わぬ店で思わぬ品を見つけて一喜一憂するという「狩猟」の楽しみを古書店探訪に感じづらくなっていたことは大きい。沢渡さんの店に行くのは、例外的な「古本遊び」の時間で、僕はふだんは古本屋にも古本市にも足を向けず、必要な古本の専門書をオンラインでちょっとずつ買いつづけ、研究に役立てていた。

沢渡さんの店との関係も、先に述べたように控えめなものだったけれど、三〇代のなかばに至って状況が変わった、上海に出張した僕は、当地で中国の古い雑誌や連環画と呼ばれるマンガをたくさん買って、それらが僕の心の奥ですっかり消えてしまったはずの古本趣味にふたたび火をつけた。かつてよりも経験を積んで、さまざまなことへの造詣が深まっていた僕には、日本の古本市場も新たな辺境として姿を見せた。その領域には自分の知らないものがまだ眠っているはずだと気づきだしたのだ。京都や大阪の未知の古本屋に熱心に足を運ぶようになり、東京に出かけては神田の神保町などを遊覧した。しかしいちばん楽しかったのが、沢渡さんの店だった。

半年に一回程度だった神戸行きを一ヶ月に一回に変えた。たとえば僕は沢渡さんがSNSで絶賛していたマンガ家、白川まり奈のコミックス『母さんお化けを生まないで』をレジに持っていく。沢渡さんは満面の笑みを浮かべる。私は機嫌を損ねないように、おそるおそる「白川まり奈って、『侵略円盤キノコンガ』とかの全盛期の頃より、八〇年代になってからの、崩れてヘナヘナになった頃の方が、絶妙に笑えて良いですよね」とゆっくり話す。すると沢渡さんは満面の笑顔になって「ふふん」と笑う。鼻で笑ってバカにしているような音だが、目元は優しく緩んでいるから、「我が意を得たり」と感じていることがわかる。顔をあげて僕を見ると、その視線もやわらかい。その顔を見て、僕にはスイッチのようなものが入った。もちろん沢渡さんを恋愛や性愛の対象と見なしたわけではないけれど、もっと親しくなって友情をはぐくみたいという思いが心のなかでメラメラと燃えた。

僕はいつだってそうなのだ。自閉スペクトラム症者は、全人口の一％程度と言われ、注意欠如多動症者は三％から五％程度と言われるから、「同類」にはなかなか出会えない。発達障害の傾向を持った人ならば、一割弱に達すると言われているけれど、発達障害があっても趣味や嗜好は千差万別で、文化的なものや芸術のたぐいに強い関心を持つ人は、むしろ少数派だ。だから、僕はまさにそういう「真の同類」に出会うと、舞いあがってしまう。

当時の僕は自分が発達障害者だと知っていなかったけれど、これまでの経験から世の中には自分の「同類」が少しだけいることには気づいていた。そして沢渡さんは、これまでに出会ってきた「同類」たちのうちでも、これ以上ないくらい選りすぐりの人物と思えたのだ。発達障害に関する知識を蓄えたいまから思えば、沢渡さんとは、私よりも自閉スペクトラム症の特性が強烈な人だったのかもしれないと思う。

また僕は専門的な研究者として、学術的プロフェッショナリズムに一定の疑問を抱くようになっていた。「狭いけれど深く」という理想を信じて学術的な研究活動を続けてきたものの、学会発表、論文執筆、教育活動、地域貢献、大学運営、国内外各地への出張をつうじて、アカデミズムの従事者は、しばしば「狭い上に浅い」ことを知るようになった。むしろ、「広いゆえに深い」ということもあるのではないか、さらには「広い上に深い」ことを実現することが、ほんとうの意味での知の探究者ではないかと考えるようになっていた。やがて、パレスチナ系アメリカ人のエドワード・サイードが講演録『知識人とは何か』で語った、知識人とはアマチュアであるべきだという議論に共感するようになった。

〰〰〰〰〰

アマチュアリズムとは、文字どおりの意味をいえば、利益とか利害に、もしくは狭量な専門的観点にしばられることなく、憂慮とか愛着によって動機づ

〰〰〰〰〰

けられる活動のことである。／現代の知識人は、アマチュアたるべきである。アマチュアというのは、社会のなかで思考し憂慮する人間のことである。（サイード 1998: 136）

サイードは、そのアマチュアリズムを権力批判の基盤にしている。僕には社会権力と堂々と戦う予定はなかったけれど、当時すでに上に述べたようなアカデミズムへの疑惑をふくらませていたし、いまでは発達障害者や宗教2世としてカミングアウトし、社会権力と闘争しうる立場にあるから、当時からすでに漠然と自分を学術世界でのマイノリティと認識し、サイードのアマチュアリズム論に親近感を抱いていた可能性もある。

話が脱線気味になったけれど、僕にとって沢渡さんはその「アマチュアリズム」の指針を示す人のように感じられた。商品の一部を占める古本の種類はマンガと娯楽小説が中心だったものの、人文学や現代思想にもかなりの見通しを持ち、経済学部を卒業していて、マルクス主義者ではないものの、反権力の意識の強い人で、さまざまな権力に対する批判をSNSで発信していた。その批判の対象は右派にも左派にも向かっていて、僕にはそれが非常にまっとうな姿勢と感じられた。それもあって僕は沢渡さんへの尊敬というか、敬愛の念を非常に深めていたのだ。

僕が思春期以降に特別な愛着を抱いた人たちは、回顧していけば、発達障害の特性が強い人がほとんどだったように思う。「同類」と感じた相手には、男でも女でも、どのような年齢でも、簡単に魂を引かれてしまう。地球人が地球の重力に惹かれるように、僕は発達障害者たちの重力に惹かれる。そして、その人と特別な関係を築きたいと思うあまり、度を超して接近し、まもなく足場を踏みはずして、奈落の底へと転落してしまうのだ。

相手が戸惑っていることはなんとなく予感しつつ、僕は驀進してしまう。相手はしばしば僕の熱意にほだされ、絆が固く結ばれたかのような瞬間が訪れる。でも近しくなった結果として、さまざまな相違点は、かえって前景にせりだして見えはじめ、両者のあいだには葛藤が発生してゆく。傷つけあい、軋轢は高まり、関係性は燃えつきる。そのようなことをどれくらい繰りかえしただろうか。

いずれにせよ、僕にはスイッチが入ってしまった。まずは毎週一回、土日のうちのいずれかに京都から神戸まではるばる通いはじめた。すぐに平日に有休を取って、一週間七日のうち、じつに三日も沢渡さんの店に通うようになった。そのころは京都市でも市街地から北に外れたところに住んでいて、自宅と沢渡さんの店を往復すると、移動だけで五時間以上を費やすことになった。しかも沢渡さんの店に行くたびに、二時間も三時間も滞在するのだ。そんなおかしな客は、そうそういないだろう。しかも長居して嫌われないようにするために、滞在した時間に見合うだろうと判断しただけの金額分を購入したので、かなりの散財になった。

僕はしばらくすると、閉店前の二時間まえくらいを見計らって沢渡さんの店を訪れるようになった。沢渡さんが店を閉めるまで店にいて、一緒に帰ることができたらうれしいなと思ったのだ。沢渡さんは満更でもなく、実際に一緒に近所の店に行って夕食を取るようになった。そうすると、仕事あがりでプライヴェート・モードに入った沢渡さんから、たくさんの個人的な話題を聞くようになった。言うまでもなく、それらについてここに書くことはできないのだが、私的な話題をつぎつぎに開示してくれたことで、僕はますます沢渡さんに魅了された。沢渡さんに僕が大学の教員をやっていると伝えると、沢渡さんは「そうなんですか」と顔を曇らせて言った。その顔つきの変化が気になりつつ、僕はなるべく気にせず、信頼してもらうように頑張ろうと考えた。

閉店して夕食を取ってから二時間半をかけて自宅に帰るとなると、帰宅は遅くなり、生活リズムは崩れるし、平常業務に影響が出るようになってしまう。そこで神戸で安いカプセルホテルなどに泊まり、翌朝早くに帰宅するようになった。夕方、京都から神戸に出かけていき、沢渡さんの店で雑談をしながら二、三時間もかけて買い物し、店が閉まったら夕食を共にし、沢渡さんは近所にある家に帰って、僕自身は神戸で一夜を明かして、始発で京都に戻る。気狂い沙汰と言えるけれど、すぐに夢中になって過集中する発達障害者のいびつな人間関係の典型例と言えるのではないか。このような行動形式は、僕たちの孤独の深さをよく表しているだろう。なお僕は、このような対人依存も嗜癖のひとつだと感じている。実際、嗜癖にはまっている人とその人を甘やかす相手との蜜月関係を意味する「共依存」という概念がある。人間関係に嗜癖してしまうのだ。

沢渡さんの店では、クリアファイルに収められた沢渡さんの個人的なコレクションを見せてもらうのが、なによりも楽しかった。古い新聞や雑誌から記事やマンガを切り抜いたものが多く、世間的にはほとんど「紙クズ」でしかないのに、記事やマンガの中身を読んでいくと、それらから溢れている情報が沢渡さんの独特な世界観の土壌になっていることが、よくわかった。たとえばマンガの切り抜きには、飯島市朗による青年マンガ風の怪奇作品や池川伸治による少女マンガ風の怪奇作品があって、雑誌に掲載されたまま、単行本化されていないたぐいだった。記事には真理アンヌや加賀まりこといった女優たちへの取材記事が多く含まれていた。驚いたのは、沢渡さんの趣味の先見性だった。沢渡さんは一九六〇年代当時や一九七〇年代当時から、のちの時代の美意識を先取りしていた。というのも、当時とりわけ評価が高かったマンガやとりわけ人気のあった芸能人たちと、のちの時代にもっと下の世代から熱烈に注目される昔のマンガや芸能人は、大いに食い違っているものなのに、沢渡さんは僕たち下の世代の者たちのような美意識や価値観で、同時代を生きていて、せっせと雑誌を買っては、切り抜きのコレクションを増殖させたのだった。

僕は見せてくれるクリアファイルを借りだして、近所のコンビニに出かけた。一〇円の白黒コピーも五〇円のカラーコピーも使って複製し、ファイルを返した。沢渡さんは僕の熱烈なファン活動に自尊心がくすぐられたようで、「もし良かったら、こういうのもあるんよ」とつぎつぎに秘蔵のクリアファイルを新たに出してきて、渡してくれた。沢渡さんが地元のフリーペーパーに連載していた記事を集めるべく、そのフリーペーパーについてブログでよく話題にしている人に連絡を取った。そして、それなりの謝礼を払って過去の号をすべて貸してもらって、沢渡さんが書いた記事をすべてカラーコピーで複製した。そしてそれをクリアファイルに収録して、沢渡さんに見せた。沢渡さんは「そんなことまでやるなんて」と言いながら、照れくさそうに笑った。

沢渡さんは世間的にはほとんど無名で、同人誌を何冊か出したことがあるだけだったけれど、それらの同人誌やフリーペーパーに描かれた記事は、僕にはたいへんな宝物と感じられた。そのマニアックすぎるこだわりぶり、哲学者風の印象を与える省察、異様なほどの博学ぶり、それでいてつねに笑いを取ろうとする姿勢。簡単に言えば、僕は沢渡さんに自分が「アマチュアリズム」の世界に生きていたらこうでありたいという理想を読みこんでいたのだ。世間でほとんど知られていないからこそ、僕には「自分にはちゃんと沢渡さんの価値を理解できているぞ」という自負の念が湧いた。沢渡さんは、ＳＮＳでの投稿や同人誌の購入者、フリーペーパーの記事の読者たちから、きわめて小さい規模であるけれど、カリスマ的な人気を博していた。僕はそのファンダムのなかでも、とりわけ熱烈な「沢渡さん信者」でいることに陶酔した。三〇代の男としては、じつに幼稚なメンタリティだったと思う。

「沢渡さん熱」は、僕の人生では何度も繰りかえされた局面をなぞった。交流が深まっていく過程も、それが無に帰していく過程も、いつも似たような経過をたどってきた。自閉スペクトラム症があると、それぞれの当事者は他者にとっては謎に満ちた「マイルール」を設定しているものだ。それが人間関係での「地雷」として機能する。僕たちは、絶対に犯してはならない蜘蛛の巣のような結界を築き、そのなかで生き、死んでゆく。めぐらされた網を他者が犯そうとすると、自分のテリトリーを守るために、侵入してきた者を全力で排除する。排除するためには、すべてを犠牲にしても良いと言わんばかりだ。だから自閉スペクトラム症者同士の人間関係は、悲劇に彩られている。他者に対する配慮が欠けやすい特性がある上に、自分の領分は命をかけて死守する。双方が互いの地雷を踏みぬくような言動を多面的に展開し、お互いが致命傷を負って、やがて関係を断つことになる。

僕には沢渡さんが世の中にもっと広く認められてほしいという欲が湧いた。そのように望む人ばかりではない、ひっそりと生きていきたいと願う人もいるということに考えが及ばなかった。あるいは、そのように生きることをどこかの時点で断念した人の気持ちに配慮が行きとどかなかった。僕は知りあいの編集者に、沢渡さんがSNSに書いた記事のURLやフリーペーパーに載せた記事の写真を送って、出版することはできないだろうかと相談したし、しかも沢渡さんに「サプライズ・プレゼント」を送るつもりで、無断でそうやったのだ。最初の編集者に断られると、別の編集者に同じことを提案した。季節は初夏だったけれど、僕の脳裏には収穫の秋がイメージされていた。ジョージ・オーウェルは一九三八年九月一〇日、モロッコのタンジェに滞在していたときに、日記のなかで果物の豊作について書いているが、ちょうどそれを連想しながら、僕は夢中になっていた。

果物は今が旬。オプンチア、多くの種類のメロン、葡萄、ブリンジャル、その他すべてのヨーロッパ産のもの。水は山羊皮の容器で運ばれ、売られる。ここの大きな無花果の木は緑と紫の実をつける。そういうことがあるとは知らなかった。ここで非常によく見かける一種の三色昼顔(さんしき)属の匍匐(ほふく)植物は、同じ枝に青い花とピンクがかった花をつける。時には、同じ茎に。今、花々が

咲いている。カンナ、ブーゲンビリア、ゼラニウム。芝生にするには、ひどく粗い芝。（オーウェル 2010：104）

沢渡さんの店にいたときに、三人目の編集者から断りのメールが入った。僕は沢渡さんに、うかつにも僕がやっていることをしゃべった。注意欠如多動症ならではのそそっかしさだ。まだ企画は実現していないけれども、必ず沢渡さんを世の中に広く知られるようにしたいのだと、僕は演説するかのように抱負を語った。

すると、店内をおそろしい沈黙が制覇した。気楽に雑談をしてくれていた沢渡さんは何も言わない。沢渡さんを見ると、顔つきを苦しげに歪めていた。僕は、呑気にも何かまずいことをしてしまったのだろうかとうろたえた。沢渡さんから聞いた私的な事柄に関する情報は、当然ながら編集者にもいっさい漏らしていない。けれど、僕は沢渡さんのなかにある「押してはいけないボタン」を押してしまったようだった。そのボタンが立てる「カチリ」という音や、不気味な装置の「ブーン……」という駆動音が聞こえてきそうだった。沢渡さんは言った。

「あなたが連絡した編集者の全員に、すべてあなたが独断でやったことで、本人の承諾を得ていないと連絡してください。すべての依頼を解除してください。今日中に必ずやってください」

未来世界で人類を支配している人工知能の王が、人間的なぬくもりを欠いた声でしゃべっているかのようだった。その響きから、沢渡さんが感情的にならないように全力を尽くしていることが感じられた。僕は黙りこんだ。沢渡さんは同じ口調で言った。

「これは明確なルール違反ですよ」

なるほど、本人の意思確認をせずにやったのだから、まちがいなくルール違反だ。僕はそんなことにも気づかなかった。しかし、その「ルール違反」という言葉は、沢渡さんが独自のマイルールを厳守していて、それをあらかじめ他者に伝えることはないものの、犯したものは絶対に許さないと決意しているのだということを感じさせた。

良かれと思ってやっていた僕は、舞いあがった気持ちから急降下した。沢渡さんは自分の書いたものを公式に出版したいとは思っていなかったのだ。かつて書き手として、なんらかの挫折を経たのかもしれないし、あるいは僕がふたりの編集者から企画を断られたと正直に語ったことが、沢渡さんの誇りを傷つけたのかもしれない。早々に店を立ちさるべきだということは明らかだった。購入するために、棚から手元に取りわけていた商品を棚に戻していった。購入するためにレジの沢渡さんと会話をしたら、沢渡さんがその瞬間に怒りを爆発させるのではないかと不安に思ったのだ。そうして僕は商品をすべて戻しおわると、店から逃げさった。

それから神戸のカプセルホテルに逃げこみ、湯船とサウナと水風呂に入ることでストレスをなるべく除去し、ベッドに入ったが、そのあいだに沢渡さんから続々と一〇件以上の短いメールが矢継ぎ早に送られてきた。「あなたは絶対にやってはいけないことをやってしまった」、「エリートのあなたには、私みたいな人間の気持ちは絶対に理解できない」、「あなたは深刻な誤解をしているようですが、私があなたを信頼したことは一度もありません」、「今後あなたとのお付き合いは、金輪際お断りすることにしたい」などの文面だった。僕は沢渡さんがさまざまな心の傷を抱えながら現在の生活をやっていて、僕がその傷に無遠慮に触ってしまったことを知った。自分でも自分の愚かさが嫌になったけれど、沢渡さんに言われたとおりの内容を急いで執筆して、出版企画を提案した（そして断られてしまった）編集者たちに送った。僕自身の信用も下がってしまったわけだが、それは自業自得だ。

その夜、僕はベッドで眼をつむって、こんなふうな神戸旅行を頻繁にやるのも今日で終わりなんだな、と考えて、不思議な気分になった。外では神戸の美しい夜景が何ごともなかったかのように広がっているのに、僕はまた人生の失敗を増やした。沢渡さんの心のうちは正確にはわからなかったものの、沢渡さんのような人がこんな行動に出た以上、許してもらえる可能性があるとはほとんど思わなかった。沢渡さんがＳＮＳで書いている内容から窺える人柄や、これまでに出会ってきた沢渡さんに似た人たちのことを思いだせば、沢渡さんが一度でも心のなかで「バツ印」をつけてしまえば、その相手への評価をその後に変える可能性が絶望的だということは、容易に想像できた。なによりも沢渡さんは、僕自身の分身だと思えてならなかった。そういう人がどのような人間観を持っているかは、手に取るようにわかる。

それからかなりの時間が経っていて、結局あのとき以来、沢渡さんの店は一度も訪れていない。あの日の翌日、言われたとおりに対応したと沢渡さんに連絡を入れてから、折りかえしの返信は来なかった。そのあとも一度も連絡はない。僕はしばらくのあいだ、それまでの習慣に従って、沢渡さんのＳＮＳでの投稿を追ったり、例のフリーペーパーの最新号をメルカリで見つけて安く購入し、読んだりしていたけれど、僕とのあいだに起こったトラブルを沢渡さんが語った形跡はなかった。

あのときの店内の凍るような沈黙をいまでもはっきり覚えている。のちにロシアの作家ニコライ・ゴーゴリの『検察官』を初めて読んだときに、僕はあの気まずい沈黙を思いだした。騒動を巻きおこした偽の検察官が街を去ったあと、本物の検察官がやってくることを聞いて、大騒ぎしていた人々が固まってしまうという場面だ。僕の心のなかで盛りあがっていた気持ちが、あのときに急速に萎んでいったのと、似ている気がした。ゴーゴリの

ト書には、

> この化石のようになった一群は、ほとんど一分半の間こうした姿勢を保つ。幕。(ゴーゴリ 2001: 167)

と書かれている。時間が凍っているかのような感覚を表現したいのだろうけど、やや大袈裟の感じがあって、苦笑いを誘う。しかしその苦笑いは、僕自身に向けられるべきものなのだ。

四〇歳で発達障害の診断を受けたあと、一年に一度の間隔で神戸郊外にあるしあわせの村——カルト宗教を思わせる名前がなんとも言えないが、神戸市の市制一〇〇周年記念事業として作られた総合公園——に「発達仲間」(発達界隈で交流がある人々)とバーベキューと宿泊をするようになった。そのたびに神戸の中心地域からバスに乗るから、どうしても沢渡さんのことを思いださずにはいられない。できれば改めて謝罪したいという思いがあるのだが、それらしいチャンスを見つけられないままでいる。

発達障害の診断を受けてから、僕が自分に似た人に執着することはなくなった。診断を受ける前はそのような人たちがいること、分身あるいはソウルメイトと思われる人がときおり僕の人生に登場してくることは、摩訶不思議としか思えなかったけれど、診断を受けてしまえば、「一〇〇人にひとりは自閉スペクトラム症、三人から五人は注意欠如多動症者、グレーゾーンを入れると発達障害者は一〇人にひとり」とわかっているのだから、その「分身現象」(と僕は呼ぶ)は不思議でもなんでもない。「分身」のうちで文学や芸術などに特別に関心を持つ人となると、もっと数は限られるけれど、「世の中を見渡せば、いくらでもいる」という自然現象のようなものなのだ。

この文章を書いていて、僕は心のなかで頭をさげつづけているような気がした。「沢渡さん、すみませんでした」——そのようにいつか本人に伝えたい。

第九章　鳴戸

大阪湾はけっして綺麗な海というわけではないが、それでもその沿岸部で育った僕には、海を見るたびに、彼方に対する憧れが育っていった。彼方にあったものとは、淡路島や小豆島や四国だ。小学生の夏休みには、家族で淡路島と小豆島に行ったことがあった。両親の夫婦仲はそれほど良好ではなかったので、稀な家族旅行としてよく記憶に残っている。高校生になると、大江健三郎の小説に親しむようになり、四国の村について想像をめぐらせた。大江の作品は好き嫌いが激しくわかれるけれど、また五感のはじけるような感受性を大切にした初期作品と、重苦しくのたうった文体の後年の作品で印象はだいぶ異なるけれど、僕は大江の書く「四国の森」の世界を読むたびに、それが初期の作品であれ後期の作品であれ、いつも魅了された。

大学生になって、自分の受けたカルト宗教からの洗脳を解こうとして、さまざまな宗教について勉強していると、大本（おおもと）という新興宗教の教祖のひとり、出口王仁三郎（でぐちおにさぶろう）が、日本の国土は世界の陸地の雛形になっているのだと主張し、四国とオーストラリアを重ねあわせ、論じたことを知って、唖然とした。実際、現在でも四国はオーストラリアに似ていると感じる人が多く、インターネットを検索すると、四国とオーストラリアをヒョイッと取りかえた地図なんかが、出てきたりする。誰にでも考えつくたぐいの思考遊戯なのだと思うけれど、僕も子どものころから四国に「オーストラリア的なるもの」(?)を感じていたような気がする。太平洋を南に越えていけばオーストラリアが近づいてくるように、瀬戸内海を越えていけば四国がせりだしてくる。

もう一〇年以上も前のことになるが、僕の主宰するゼミは、徳島の鳴門に宿泊旅行をすることになった。あくまで学生たちが決めたことで、僕の心のうちには徳島についても鳴門についても、なんら具体的な風景はイメージされてこなかった。四国でも愛媛ならば大江作品の森の世界が、高知ならば坂本龍馬が、香川ならばうどんが連想される。しかし徳島には(僕にとっては)何もなかった。数年前に村上春樹が『ラオスにいったい何があるというんですか?』という挑発的に響く書名の旅行記を刊行したけれど、そのときの僕も「徳島にいったい何があるというんですか?」という心持ちだった。思えば無知なことだった。

バスのなかで教え子たちがおとなしく静かにしているのに、僕は興奮と不安から多弁になり、やめておけば良いのに、自分の関心事にやたら夢中になる自閉スペクトラム症の特性を発揮して、オーストラリアと四国の輪郭的類似性や大江の文学世界について熱弁を振るっては、学生たちからめぼしい反応が得られないことに不満を抱いた。半笑いで私の相手をしなければいけなかった教え子たちに、いまさらながら謝罪し、感謝したい。僕はだいぶ騒々しい印象を与えたようで、バスが目的地のバス停に到着したとき、僕たちのグループの近くに座っていた女性が、逃げるようにサッと降車していった。気のせいかもしれないとはいえ、僕が騒いでまわりから顰蹙（ひんしゅく）を買うことは珍しくなかったので、たぶん原因は僕にあると思う。

過集中に入って、夢中でおしゃべりに没頭する。興奮が冷めたり、不安が収まったりすることで、圧迫されていた精密な観察力が息を吹きかえし、自分が犯した失敗を遅ればせに理解しはじめる。自閉スペクトラム症によって、いつも周囲から断絶しているように感じるので、人間関係に飢えている僕が、人との交流に飢えていることは、第八章で沢渡さんについて書いたとおりだ。「同類」との人間関係に嗜癖してしまうということ。しかし、身近にはそんな「同類」はそうそう見つからない。それで僕はいつも、なんだか宙ぶらりんで生きている心持ちがする。

それにしても、徳島にいったい何があるというんですか？　あるいは鳴門にいったい何があるというんですか？　その問いへの答えとなるが、結論から言えば、そこには大塚国際美術館があるのだ。僕は『イスタンブールで青に溺れる』で、世界のさまざまな美術館を訪れた経験を記した。その僕が、大塚国際美術館こそ世界最高の美術館の第一候補だと書いたら、僕の見識の低さを笑う読者は、きっと少なくないと予想する。それでも僕は、そのように主張したい。

この大きな美術館に飾られる作品はいずれも偽物、すべてレプリカ、正確には陶板複製画だ。しかし、まさにそうだからこそ、この美術館は世界の名画をいくらでも集めたい放題なのだ。パリのルーブル美術館を筆頭とする世界のどの大美術館でも実現不可能な、ひとつの場所にいながら、実物大の作品群で西洋美術史を通観するという喜びを、大塚国際美術館では体験することができる。この美術館を訪れたことがある人は、「いまさらそんな当たり前のことを」と思うだろうけれど、まだこの場所を訪れたことがない読者たちのために、僕は念入りにこの美術館を推しておきたい。世の中には精度が低い陶板名画を飾っている場所もあるけれど、大塚国際美術館では、少なくとも素人目にはどの陶板も本物らしく見える精刻さを実現している。

僕は実物大で観たかった絵をつぎからつぎへと眼にして、何度も息を呑んだ。アレクサンダー大王のイッソスの戦いを描いた『アレクサンダー・モザイク』、ジョット・ディ・ボンドーネによるスクロヴェーニ礼拝堂壁画、レオナルド・ダ・ヴィンチの『最後の晩餐』、ラファエロ・サンティの『アテネの学堂』、エル・グレコの『悔悛するマグダラのマリア』、レンブラント・ファン・レインの『夜警』、ウジェーヌ・ドラクロワの『民衆を導く自由の女神』、ジャン=フランソワ・ミレーの『落ち穂拾い』、クロード・モネの『ラ・ジャポネーズ』、エドゥアール・マネの『笛を吹く少年』、ギュスターヴ・モローの『一角獣』、アンリ・ルソーの『戦争』、ジョアン・ミロの『耕地』、マルセル・デュシャンの『階段を降りる裸体　No.2』。僕が世界各地の美術館で観たことがある作品はもちろん、所蔵する美術館を訪れる機会がなくて、観たくても観られなかった作品の多くをこの美術館で眼にした。フランスの作家マルセル・プルーストは、初期作品集『楽しみと日々』に収めたエッセイ「アレゴリー」で、激しい嵐のあとの牧場を描写しているけれど、僕はそれを読むたびにあの美術館での感動を思いだす。

水は流れ去ろうとしなかった。というのもそこは不用心にも谷間のようにくぼんだ庭だったので、水は流れず、溜まる一方だったから。あいかわらず雨は滝のように降り続け、荒れ果てた庭を涙に溺らせた。夜が明けてもまだ降り続いていたが、やがてやんだ。庭はもはや、濁り水に覆われた荒れ果てた野にすぎなかった。しかし、五時頃になって水が静まり、濁りも消え、限りない陶酔に浸っているのを庭が感じたとき、すべては落着きを取り戻した。

薔薇色と青の、神々しく病んだ午後が天から降り下り、その床に身を休めた。そして、その午後を曇らせも傷つけもせず、もしかしたら、愛のすべてをこめて、ぼんやりした悲しげな視線をいっそう深めていたのかもしれない水も、午後のすべてを包み込み引きとめて、光に満ちた美しさを優しく抱き締めていた。（プルースト 2015: 323-324）

美術館の壁に飾られた絵をつぎからつぎへと観ながら、プルーストが描写した庭のように僕の心はうるおい、神々しい光が天上から差しこんでくるような気がした。

フィンセント・ファン・ゴッホを熱愛する僕は、彼の七つの『ひまわり』をここですべて（空襲によって日本で焼失した一枚も含めて！）観ることができた。以前、世界各地の美術館でその一部を観たときの感動と大塚国際美術館での感動が乱反射していた。僕がゴッホと同じくらい崇拝するパブロ・ピカソの『ゲルニカ』も当然のように展示されている。マドリードのソフィア王妃芸術センターで観たときの熱い思いが甦ってきた。美術に関する専門知識を持っているわけではないから、克明な陶板を名画そのもののように感じてしまう程度の鑑識眼しか持たない結果として、僕はこの美術館を過大評価しているのだろうか。少なくとも、いまではこの美術館が僕にとって、ほかの多くの来場者にとって魅力的に見える仕掛けを持っていることが理解できる。それは「収集と配列」の美学が自閉スペクトラム症をとりわけ刺激するという事実だ。僕はこの美術館の近くに住んで、頻繁にこの場所に通いながら生きていきたいとすら思ったし、あの日から一〇年以上が経っても、僕の魂の数パーセントは、この美術館に留まりつづけているような気がするのだ。

教え子たちと一緒に美術館に滞在していたのは三時間ほどだったけれど、バス車内での多弁と打ってかわって、僕は彼らとほとんど会話しようと思わなかった。僕は視覚に全集中しており、その集中力がほかの五感も支配して、全身が眼球のように感じていた。口と耳の出番は封じられていたのだ。それでも、ときどき学生たちの様子に気を配ることはあって、どうやら学生たちの七割ほどは、それぞれに絵画群に心を奪われていたようだった。三割ほどは、「芸術とか、そういうことに興味がないんです」という顔つきで、どうやって時間を潰したら良いものかと悩み、スマートフォンを操作するなどしていた。このような場所の魅力がわからないのは気の毒なことだが、そういう僕自身はたいていの人が喜ぶ場所、たとえばディスニーランドやユニバーサル・スタジオ・ジャパンなどの魅力をほとんど理解できないでいるのだから、その点は「お互いさま」と言うしかない。

鑑賞時間がまるで足りず、残念だった。合計一〇〇〇枚ほどの陶板名画を使って、西洋絵画の歴史を総覧するという仕掛けになっている。一枚につき一分を費やしたとすれば、一〇〇〇分、つまり約一六時間かかることになる。その五分の一以下の時間ですべてを観たのだかから、一枚につき数分かけて観た絵がほんの少しある一方で、一秒程度ちらっと視線を投げかけただけの作品もたくさんある。もったいない消費行動と言えるだろう。

　美術館で視覚が、そして全身がぐったり疲れたあと、僕たちはふたたびバスに乗って、郊外のモール街へと買いだしに出かけ、花火セットと夕食後の酒類・つまみ類をたっぷり仕入れた。それから和風の旅館に移動したところ、男子学生たちと入った部屋からは、夜の瀬戸内海が見えた。夜の闇が海の青をすっかり塗りつぶしていた。明るい部屋からその暗黒の闇に見入っていると、自分が書道で使う固形墨になって、その墨が水で溶かれて墨液になり、全宇宙に広がっていっているような気がしてくる。万物は黒い液体で、人類は夜になるたびに、その海へと帰還するのだ。

　宴会場に行って夕食を食べる。僕には豪華すぎる食事だ。僕は疲れて、朝の雰囲気は微塵もなくなり、すっかり黙りこんでしまう。僕は長年そのようだった。注意欠如多動症者は、うまく力加減ができないから、わあわあ騒いでいたと思ったら、しばらくすると疲労困憊して、固く閉じた二枚貝のように自分の殻に引きこもることが多い。僕はそうして「ひとり引きこもり」をしながら、自分の振るまいの至らなさを自己内対話によって反省していくのだ。綾屋紗月さんはこの現象を「ヒトリタイワ」と、僕自身は「脳内分身対話」

と呼んでいる。

「おまえは小さいころから「もっと人の気持ちを考えなさい」と叱られてきた」

「そうだ。いまでもよくわからない」

「わかるようなフリができるようになっただけなんだよ」

「まるで地球外生命体のようだと感じる。私は冷たい人間なのだろうか」

「他方では涙もろく情緒的なところもあるけどな」

「それは他人の、つまり普通の地球人の行動を自分にダウンロード&インストールしただけかもしれない」

「おまえの感情は偽物ということか」

「そうだ。私は自分が高性能のＡＩのような存在だと自認している。しかし、それにむしろ自負のようなものでもある」

「言い逃れではないだろうか」

「違うはずだ。至らない能力に対する自己受容だ」

「おまえは、中学時代の通知表で成績が1から5まで全部あった。それを自己正当化しているのだろう」

「たしかに自己正当化かもしれない。でも二流の素質を持った人間が目指すべきは、僕は一流の世界とは違うはずだ。超二流をめざしたいのだ」

「へえ。それでその超二流にはなれたというのかい」

「いや。結局は二流から一・五流に移行しようとしつつあるだけで、しかもそれはきっとうまくいかないだろうという気がする」

「かわいそうに」

「そうだ、かわいそうなんだ」

僕はそんな脳内分身対話をしながら、注意欠如多動症の「脳内多動」も利用して、他者の観察を続けている。イギリスの神経学者オリヴァー・サックスが書いた『火星の人類学者』という書物がある。書名は、自閉スペクトラム症のもっとも有名なオピニオン・リーダーと言えるテンプル・グランディンが、自分のことを「火星の人類学者」と形容した逸話にちなんでいる。ローベルト・ムージルは、大長編小説『特性のない男』で、主人公が自分自身を「月面世界」から帰還した男のように感じる場面を書いているが、その気持ちはよくわかる。僕たち発達障害者が異星人なのか、定型発達者のほうがじつは異星人的なのか。考えるほどにおもしろいテーマだ。

旅館のすぐ隣は、浜辺だった。海の波が近くに押しよせる砂浜に立って、夜の闇のなかで、旅館から出る淡い光を頼りに僕たちは花火に耽った。かぼそいけれど強烈にスパークする色彩豊かな閃光が、漆黒に満ちた空間で閃(ひらめ)いていた。その光はまるで、地球の一部を完全に支配するに至った夜の墨液の濃度を、ますます高めているかのようだった。海の波のざわめきが、若い学生たちの興奮を優しくくるんでいた。僕はすべてが融解して、すべてのものがひとつになれば良いのにと思った。

翌朝、朝食を取った僕たちは、ふたたびその浜辺に行って、夜に体験したのとは印象がだいぶ異なる光景を見物した。砂浜は灰色に重く湿っており、都会の貧相な公園の砂場のようで、美しい印象はまったくなかった。空は、台風が来るのではないかと疑われるほどに曇天模様で、さまざまな濃淡の灰色が水彩で重ね塗りされているかのような眺めだった。そんな天候だから、海も黒ずんだ藍色で、砂浜の濡れた重たそうな砂と鈍重な綱引きをするかのように、波が打ちよせては引いていた。

僕は年長者として、なによりも彼らの教師として、それらしく引きしまった発言をしたいものだと思ったものの、そのようなことができそうな気がしなかった。僕は恵まれて優しい人々に囲まれていても、ほとんどまともな言動が取れずに、黙りこんでしまう哀れな生き物なのだ。砂浜と空模様の印象もあって、僕は萩原朔太郎が『月に吠える』で歌った「くさつた蛤(はまぐり)」を思いだした。

半身は砂のなかにうもれてゐて、／それで居てべろべろ舌を出して居る。／この軟体動物のあたまの上には、／砂利や潮みづが、ざら、ざら、ざら、ざら流れてゐる、／ながれてゐる、／ああ夢のやうにしづかにもながれてゐる。／ながれてゆく砂と砂との隙間から、／蛤はまた舌べろをちらちらと赤くもえいづる、／この蛤は非常に憔悴(やつ)れてゐるのである。／みればぐにやぐにやした内臓がくさりかかつて居るらしい、／それゆゑ哀しげな晩かたになると、／青ざめた海岸に坐つてゐて、／ちら、ちら、ちら、ちらとくさつた息をするのですよ。(河上2004: 51-52)

僕はこのハマグリのような、ゼラチン状の腐って解体していく何者かなのだ。ちら、ちら、ちら、ちらと腐った息を吐きながら、黙っている。

徳島から大阪に戻って解散したのだけれど、僕は「もし楽しみたりない人がいたら」と教え子たちに声をかけて、新世界の飲み屋で二次会をやろうと提案した。全体の三分の一くらいの五、六名がついてきた。僕たちはすっかり観光地化され、かつての猥雑さをなくしたこの地区で、ありきたりの店構えの一軒に入店して、座敷に案内され、串焼きやドテ焼きを食べた。

地元の大阪に勇気づけられ、また唐突に元気が湧いてきた僕はいろいろなことを発言したけれど、ほとんどは意味のない内容だった。だがそれはふつうの人、つまり定型発達者への「擬態」に成功していたということを意味する。深い意味のない、相手にとって心地よい、互いを傷つけない言葉をかけあって、安心するという定型発達者たちの文化人類学的習俗を、僕は長年の失敗によって身につけつつあった。

そのあと僕は京都に帰宅したのだが、「腐っていくテレパシーズ」というパンクロックバンドのことを思いだしていた。中心人物の角谷美知夫は統合失調症を患っていて、中島らもがエッセイ『アマニタ・パンセリナ』や自伝的小説『バンド・オブ・ザ・ナイト』で、彼のことを書いている。角谷の「(死ぬほど普通のふりをしなければ)」という奇妙に明るい曲は、人生に対する悲しい諦めを奏でている。彼の曲のうち、いちばん好きなのは「テレパシーなんかウンザリだ」だ。幻聴に対する倦怠感を率直に吐露した歌なのだが、僕はこんなふうにして、発達障害の診断を受けるまで、自分のことを謎めいた生き物だと感じつつ、統合失調症ではないと理解しつつも、統合失調症の世界観に親近感を寄せることが多かった。

僕と四国との関わりは、ここまで書いてきたようなことくらいしかない。そのあとは、村上春樹の『海辺のカフカ』を読んで、四国の森に改めて思いを馳せるようになったことくらいだろうか。この小説が出版されたとき、僕は大学院の修士課程に入ったばかりで、村上もカフカも苦手に感じていたので、読まないままでいた。村上自身は執筆時、中年から初老にかけての時期にあったけれど、作品中では一人称単数で語る主人公の「僕」が中学生として設定されているので、正直に言えば、村上が一所懸命に「中学生ぶりっ子」をしているさまに苦笑しながら読んだ。それでも、大江の作品世界と交差するような内容に驚き、通常は大江と関連づけて論じられない村上に不思議なモヤモヤを感じた。最終的にはそれが村上と大江の関係を大がかりに考察する内容を含む拙著『村上春樹研究——サンプリング、翻訳、アダプテーション、批評、研究の世界文学』（文学通信、二〇二三年刊行予定）に育つ最初の種子のひとつになった。

第一〇章　東京（A）

修士論文を書いていた二五歳の秋に、初めて東京に出かけた。日本学術振興会の特別研究員に採用されるかどうかを判定するための面接があったのだ。「おのぼりさん」の僕は、東京という街の物質文化の充実にもちろんに圧倒された。

面接のあとに足を運んだのは秋葉原で、当時はこの地域が「オタクの街」として評判になりはじめていた初期にあたる。文学研究者になるための研鑽を重ね、恋人と同棲していた僕は、当時はもうそれほど「オタク的」とは言えなくなっていたとはいえ、秋葉原を回遊していると、僕の血肉となったオタク的なバックボーンがむくむくと再生されていくかのようだった。大阪にある電気店街で、やはり「オタクの街」に変貌しつつあった日本橋の数倍の規模だ。西成に近い日本橋と違って、秋葉原に猥雑な雰囲気が少なめなのは惜しかったけれど、僕はやはり興奮し、酩酊しながら見物を続けた。

神田神保町の古書街には、足を伸ばさなかった。大学生の初めくらいまでは、大阪と京都のさまざまな古書店に足を運んでは、学術的な専門書も、ありえないくらい俗っぽい内容の本も漁って喜んでいたものの、専門の勉強を進めると、文学、思想、芸術、文化、歴史に関する専門書とばかり触れあうようになっていった。外国語の本を読むことも多いから、国内外のオンライン書店で購入するほうが効率が良く、古本屋回りが趣味から脱落したあとだった。

東京では学会、研究会、学術書の編集会議などが開かれやすいから、就職後は勤め先の大学がある京都から東京によく出向くようになった。用事が終わると、中野ブロードウェイにあるまんだらけの各店舗や、新宿にあるディスクユニオンの各店舗を回った。そうしながら、マンガとポップ音楽が自分の趣味の中心にあることを確認した。そのふたつの趣味の上に文学が位置していて、僕の人生を形成している、というのが僕なりの自己理解だ。

とくにまんだらけ中野店が入居する複合ビル、中野ブロードウェイは、僕にとって、ある意味では東京の象徴だ。というのも、東京のほかのほとんどの場所は、僕の内部で本質的な憧れを掻きたてず、関西のさまざまな街で代用できると思ってしまうのだけれど、中野ブロードウェイほど僕が歩いている幸せを感じ、かつ関西のどの街にもかけていると感じる場所はほかにないからだ。不思議なものだ。かつてまんだらけ梅田店でマンガ文化に対する興味を衰えさせたのに、その数倍の品揃えを誇るまんだらけ中野店を楽しんでいると、マンガに対する興味がわずかながら復興した。

中野ブロードウェイの中層階と高層階はマンションになっていて、低層階はショッピングセンターだ。そして、そのショッピングセンターのさまざまな区画に、まんだらけ中野店に属する各店舗が点在しながら入居している。ミニコミや自主制作本などの愛好家と聖地として知られる「タコシェ」もある。この一帯を歩くときに、僕はいつもベンヤミンがパリのパサージュについて書いた文章を思いだしてしまう。ベンヤミンは論説文「パリ――十九世紀の首都」で、シャルル・ボードレールの詩では近代的なものがおもに強勢が置かれている点のひとつだと指摘し、それが「原史」なるものを引用すると主張する。そして、そのような事態が起きるのは、この時代の社会的諸関係と社会的所産に、とある二義性が含まれるからだと述べる。その二義性とは何か。

二義性とは弁証法がイメージとして現われたものであり、静止状態における弁証法の定則である。この静止状態がユートピアであり、弁証法的イメージはしたがって夢のイメージということになる。そのようなイメージをなしているのがたとえば商品そのもの、つまり物神としての商品であり、またたとえば家屋でもあり街路でもあるパサージュ、またたとえば売り子と商品を一身に兼ねる娼婦である。(ベンヤミン 1995: 348)

共産主義思想の大成者カール・マルクスは、物神としての商品を労働者に対する搾取の仕組みとして議論を構築したが、ベンヤミンは商品の物質的魅力に注目し、それが「家屋でもあり街路でもあるパサージュ」や「売り子と商品を一身に兼ねる娼婦」にも現れていて、その「夢のイメージ」こそが、マルクス主義で重視される「弁証法」が「イメージとして現われたもの」で、「静止状態」の「ユートピア」を作りだしていると主張する。この記述内容は、一見すると抽象的に見えるかもしれないけれど、マルクスの経済批判に惹かれつつも、マルクスが敵視した商品世界に幻惑されながら生きないではいられない現代人のリアルな姿を映しだしている。

ベンヤミンは草稿群『パサージュ論』で、その「静止状態のユートピア」について、別の角度から説明している。そこでは過去と現在の閃光のような出会いが「静止状態の弁証法」として「形象」（イメージ）を立ちあげると語られる。

過去がその光を現在に投射するのでも、また現在が過去にその光を投げかけるのでもない。そうではなく形象の中でこそ、かつてあったもの〔das Gewesene〕はこの今〔das Jetzt〕と閃光のごとく一瞬に出会い、ひとつの星座＝布置（コンステラツィオーン）を作り上げるのである。言い換えれば、形

象は静止状態の弁証法である。なぜならば、現在が過去に対して持つ関係は、純粋に時間的・連続的なものであるが、かつてあったもの〔das Gewesene〕がこの今〔das Jetzt〕に対して持つ関係は弁証法的だからである。つまり、進行的なものではなく、形象であり、飛躍である。（ベンヤミン 2021: 209）

過去と現在が「閃光の如く一瞬に出会い」、イメージが生誕する瞬間の「飛躍」こそ、ベンヤミンを陶酔させたものだった。そしてそれをベンヤミンは商品にも娼婦にもパサージュにも見るのだ。僕はそのような場所を地球上のどこよりも、現在もパリの各地に保存されている本場のパサージュよりも、中野ブロードウェイに感じながら歩いている。

三〇歳前後の頃に入れあげていたレコード収集熱は、僕の人生で一〇代後半のマンガ収集に準じる嗜癖となった。新宿に何軒もあり、お茶の水、渋谷などに立地しているレコードショップ、ディスクユニオンを熱心に回って宝物探しに耽った。レコードは嵩張るし、枚数が増えると重たくなるので、東京から京都に戻る前にコンビニに寄って、自宅に配送する手続きを取った。吉祥寺と池袋にあるココナッツディスクも好んで訪れた。ディスクユニオンもココナッツディスクも、レトロポップな音楽を中心に、幅広いジャンルの音盤を扱っているところが、僕の趣味に合っていた。僕の音楽趣味の中心にあるサイケデリック・ロックとアシッド・フォークの音盤もいろいろ置いてある。レコードの良いところは、ジャケットがミニポスターのような役割も果たしてくれるところだ。内容が悪くてもジャケットが良いからOK、と感じる音盤は珍しくない。CDだとそういう体験はレコードほど豊かに味わえないし、オンラインで配信された音楽では物質性がないから体験しようもない。

一〇代の頃は昭和のアイドル曲（歌い手は男女問わず）が好きだったけれど、徐々に関心が音楽全般に広がった。二〇代の後半に、SNSのmixiでQさんという一〇歳上の男性と知りあって、音楽についての豊富な知識を授けてもらった。サイケデリック・ロックやアシッド・フォークを趣味の中心に据えつつ、その観点から音楽史全体を理解しなおそうとしている人で、その感受性にも壮大さにも触発された。さまざまな種類の音楽のなかでも、薬物依存と不可分の関係にあったそれらの音楽ジャンルは、僕の心の琴線に直結する音色を奏でていた。サイケでアシッドなロックやフォークは、言うなれば、僕が酒類を始めとした嗜癖に夢中になっているときの精神的風景を音響空間として構築したもので、それは深い酩酊から真夏の白昼のような覚醒の瞬間までの、心のさまざまな色調を巧みに表現しているのだった。そのような音を楽しめる音盤をレコードやCDで大量に収集する、つまり嗜癖として僕を刺激するのだから、当時の僕は薬物をやらない薬物中毒者のようなものだった。実際、レコードコレクターはしばしば依存症患者になぞらえられ、「ヴァイナル・ジャンキー」と呼ばれる。ヴァイナルとは、レコードの素材として使われるビニールのことだ。

そんな僕も、いまではすっかりサブスクリプションによる音楽配信に慣れて、レコードやCDを買うことはほとんどなくなっている。初めは「自分でいろんな音盤を買って、失敗も含めて経験を積まないと世界が広がらない」という、昔ながらの音楽マニアの信念を素朴に大事にしていたけれど、そもそもレコードの扱いもCDの扱いも僕に向いていない。むかし荒木飛呂彦のマンガ『ジョジョの奇妙な冒険』を読んだときに、登場人物のひとりが「キチョーメンな性格でね／おまえを殺す前にちゃんと『矢』を抜いてキチッとしまっておきたいんだ……／おまえは一枚のCDを聞き終わったら／キチッとケースにしまってから次のCDを聞くだろう？／誰だってそーする／おれもそーする」と語るのを聞いて、そういうふうにちゃんとできない僕は冷や汗をかきそうになった。レコードも同様、きちんとジャケットにしまえないことが多く、そうすると高価なプレミアムがついていた貴重な音盤が台無しになってしまう。

三〇代の後半に至って、古本にもレコードにも飽きてしまった僕を新たに巻きこんだのが、骨董屋や骨董市をめぐってやるガラクタ集めだった。対象になったのは明治、大正、昭和などの雑貨、オモチャ、生活用品のたぐいだ。数は多くないけれど、江戸時代や平成時代のものでも、僕なりに風情を感じれば買った。子どもの頃からレトロなマンガやアニソン・特ソンの収集をつうじて、また古書収集や歴史の勉強をつうじて、日本の大衆文化史の細部に分けいってきたつもりだったのに、郷土玩具やパチモン雑貨や戦前戦中の庶民の記録などを漁っていると、未知な領野がまだこんなにも広がっているのかと興奮してばかりだった。僕の人生にとって新たな辺境が開かれたのだ。

京都と大阪の骨董屋、レトロショップ、骨董市、蚤の市などに飽きたらず、東京にも頻繁に出かけた。懇意の業者が何人もできて、ヘンテコな造形の招き猫、犬の珍妙な置きもの、神社や寺院で売られていた駄玩具、珍獣たちの剥製、廃病院に残されていた怪しいホルマリン標本、明治時代の新聞広告や琺瑯（ほうろう）看板、大正時代に少年少女が書いた落書き、昭和時代に生徒や学生がつけていた絵日記や記録帳、平成時代のアニメグッズといったガラクタを、しこたま集めた。このようなガラクタはどれも二流、三流の骨董なわけだけれど、僕はそれらのなかに一流を超えた超二流、超三流の美を感じて、無我夢中になった。空襲をほとんど受けなかった京都には、おもしろいものがたくさん残っていたのだけれど、また大阪ではその住人たちの気質に即して安くて良いものをたくさん仕入れることができたけれど、東京にはやはり全国からものが集まってくるし、美術的に洗練された品の多さが目立っていて、僕はますます心躍った。それで、東京でガラクタをたっぷり買い物できる骨董市などの日をいちばんの楽しみにしながら、日々の生活を送るようになった。

自然に、部屋でモノが洪水を起こしはじめた。かつて夢中で集めたマンガやレコードは、すでに大部分を処分していたけれど、新たに部屋模様を塗りかえていったガラクタが、どうしようもないくらい氾濫した。部屋は狭くなり、そこで暮らす僕の日常も混沌へと沈んだ。そうして僕が数年前まで住んでいたマンションの家は、コレクションで組成されたゴミ屋敷と化した。自閉スペクトラム症があるから集めたものを並べたがるのだけれど、注

僕の自宅（上2枚）と
「まんだらけ中野店」（下2枚）

意欠如多動症があるから、うまく整理整頓ができない。僕はそれらの美しいゴミに埋もれて寝起きした。そして宮崎駿のマンガ『風の谷のナウシカ』に登場する有毒の菌類による樹海での名に倣って、自宅を「腐海」と呼んだのだ。勤め先で仕事を終えるたびに、僕は「さあ、きょうも腐海に帰るか」とひとりごとを言った。

当時の僕の棲み家は凝り性の老いたオーナー（いま思えば彼にも明らかに自閉スペクトラム症があった）が京都郊外に築いたデザイナーズマンションで、訪れた外来の人々はマンションについて「ジブリの世界みたい」と感想を口にした。木造部分が多く露出し、各室は普通の個室のはずなのに丸太小屋を思わせ、僕の部屋は二階にあったけれど、天井は三階までの高さへ届いていて、ロフトがついていた。マンションの木質の外観を繁茂した木々が取りまいていた。地上に落ちた『天空の城ラピュタ』か、現代に蘇った『となりのトトロ』の屋敷か、『魔女の宅急便』のヒロインが住む屋根裏部屋かという外観だった。僕は満足して暮らしていたものの、あちこち壊れやすくて、ある秋には木枠のついた窓をちゃんと閉めないまま激しい台風を迎えてしまい、気がつくと爆発音がして、その窓が枠ごと吹き飛び、階下へと転落していった。幸いに怪我人は出なかったけれど、台風が部屋になだれこんで雨と風とで部屋の中をメチャクチャに掻きまわし、やってきたオーナーは室内の惨状に絶句していた。

そんな台風突撃事件のあと、さすがに室内ものをそれなりに処分することに決めたとはいえ、懲りない僕は買い物をやめなかったから、部屋はふたたび腐海に没していく。それでようやく、この趣味が僕には負担の大きいものと感じられるようになった。ちょうど、骨董好きにネトウヨが多いことに対して、嫌気が差しはじめてもいた。日本の隠れた魅力を再発見することで、民族主義や国粋主義にのめりこんでしまった人を何人も知るようになって、複雑でおもしろいと思っていたのに、単純で案外つまらない世界なんだなと落胆した。空襲で焼かれずに残った軍国時代の物品を、日本の黄金時代のものとして崇めたりする。僕としては、日常の古ぼけた雑貨にアヴァンギャルドな美を発見して興奮していたのだが、そういうガラクタマニアは、どちらかと言えば少数派だった。懇意になって本音を語りあうようになると、近隣諸国の人々の悪口を聞かされる羽目になる、という幾度もあった体験に懲りた。

加えて、一般的にはそんなに知られていないけれど、ガラクタ業界で働く人たちは、しばしば「堅気」ではない。夏の祭りの露天商を営んでいる人たちは、的屋（てきや）や香具師（やし）と呼ばれているけれど、彼らは日本の警察では暴力団の起源と見なされ、その商売は暴力団の経済活動と見なされてきた。骨董業者も骨董市という祭りに参加する人々で、全員がそうではないけれど、それに近い勢力が近くで暗躍していることは稀ではない。大規模な業者の店に通っていると、ヤクザじみた素顔を垣間見ることを経験した。素行の悪い業者が、なかば暴力沙汰をちらつかせながら小規模な業態の仲間を食い物にする、という場面も何度か見聞きした。そんなことを知るにつれて、表面上は愛嬌があるのに、それほど夢のない世界だなと感じるようになった。イメージだけど芸能界や性風俗産業に通じるところがあると言えるかもしれない。それで僕は、この世界と関わるのが億劫になっていった。

でもこの世界を離れたいちばんの理由は、商品に対するワクワク感を持てなくなったということがいちばんだろう。かつてのマンガ収集でもそうだったように、ガラクタ収集の世界でも、この世界全体に対する見通しが利くようになって、ほとんどの商品に驚かなくなった。辺境がおおむね消滅してしまったのだ。そうすると、「結局は単純に金を持っている者が強い」という当たり前の真実がまた存在感を大きくして、それにおもしろみのなさを感じるようになった。初めは自分独自の趣味で集めていたつもりだったのだけれど、同じ時代に生きる同じ国の人間なのだから、何を「良い」とか「おもしろい」とかと見るかは、だいぶ似通ってくるのが自然だ。僕の趣味嗜好が世間一般の人と比べて、そんなに標準的とは言えないにせよ、僕とそっくりな趣味の人は「いるところには、たくさんいる」ことがわかった。そして、そういう似た者同士が、せせこましい領域で同じような商品を奪いあい、コレクションの競いあいをすることになる。金をたくさんつぎこめる者が、圧倒的に有利になるという世の中のどこにでもあるゲームだ。

そうして僕はガラクタ収集を卒業した。ほとんどの商品は想像の範囲内になっていたから、それぞれの業者の品揃えや発言内容から、その業者がどの程度まで眼が肥えているかといったことも、おおむね洞察できるようになっていた。骨董市でガラクタを並べて暇そうに過ごしている業者たちとたくさん会話をしたことで、業界の仕組みもそれなりに把握できていた。思えば思うほど、気が合うガラクタ業者たちは、僕とよく似た人たちだった。発達障害の診断を受けたいまなら、自閉スペクトラム症の特性が強い人が多い、と説明できる。またガラクタ収集にはまりたいとは思わないけれど、当時収集したものの多くはまだ手放していない。マンガもレコードもそうだけれど、僕の魂の一部は、まだガラクタに住みついているのだ。

ガラクタ集めをしなくなってから、僕が東京に行くたびにもっとも楽しみにしているのは、国立国会図書館での資料収集になった。僕の日常では、勤め先の大学の附属図書館と、京都大学の各図書館がとても重要な役割を果たしている。勤め先に依頼する他大学からの文献取り寄せサービスも頻繁に活用しているし、京都府立図書館、京都市図書館の各館、大阪府立中央図書館、大阪市立中央図書館にもよく出かける。読みたい本をすべて購入していたら、研究予算がすぐに底をついて、自腹を切らなければいけなくなる。そのくらい大量に読む生活なのだ。国会図書館に来れば、僕のその悩みはすっと解消する。外国語の本があまり所蔵されていないのは欠点だけれど、それは仕方がないことで、大学図書館を使えば良い。論文や本を書くために必要な文献のうち、たいていのものは買って入手するけれど、小部数発行の書籍や過去の雑誌は買っているとキリがなく、過去の新聞記事は入手がほとんど不可能なため、東京に行ったときに国会図書館でまとめて読む。かつての昆虫採集のようでもあり、マンガ収集のようでもあり、レコード収集のようでもあり、ガラクタ収集のようでもあり、幸せな気分になる。

もはやたいていの古書はオンラインで購入できるから、古書店や古書市を歩いて珍本を狩猟対象とするのは、それほど魅力的とは感じられない。僕にとっては国会図書館のほうが、まだ狩猟の場として魅力的なのだ。もちろん、それが自然の山谷での狩猟ではなくて、狭い野獣園での狩猟のようなものだということは認める。そういう狩猟の興奮、狩の嗜癖に酩酊しながら、僕は国会図書館にせっせと足を運んでいる。資料の出納を待っているときに、よくイギリスの作家オラフ・ステープルドンの『スターメイカー』を思いだす。架空の宇宙全史を展望したSF小説の古典だが、ある星では魚人類と甲殻人類がともに進化し、葛藤と戦争を経て、伴侶の関係を結び、協力関係を築くようになっていったという。

この巨大な惑星の渇いた陸地で活発な生活を営んでいた甲殻人類たちは、脳の重さや複雑さでは大きな進化を遂げることはできなかったが、すでに体型が大きく水に浮かんでいた魚人類たちには、このような制限はなかった。長期にわたる、しばしば悲惨な実験のあと、「超－魚人類」が生み出された。やがてすべての魚人類が、このような生き物から成るようになっていった。そのあいだに、すでに彼らの太陽系の他の惑星への探索と植民を実行しつつあった甲殻人類は、脳の一般的な複雑さではなく、テレパシーによる交流に充分な、脳の特殊な中枢にかかわるところを遺伝的に改善していた。かくして、その単純な脳の構造にもかかわらず、甲殻人類は、はるか遠方の母星の海洋にいる大きな脳をもつ伴侶とさえ、完全なテレパシーによるコミュニティを維持することができたのだ。単純な脳と複雑な脳は今や、それぞれの個体の寄与するところはいかに単純でも、全体に敏感に反応する単一のシステムとなっていた（ステープルドン 2004: 157）

僕は自分たち図書館利用者を魚人類、図書館員たちを甲殻人類に重ねあわせて、想像をふくらませているのだ。「自閉度」（とでも言うべきもの）が高い空想遊びだと思う。

東京では、かつての教え子の林くんと会って、酒を飲むことも多い。中野の古き良き居酒屋の第二力酒造や、タイとフィリピンの料理を出すハロハロなど彼の行きつけの店や、僕が好む立ち飲み居酒屋パニパニなどに出かける。以前から好きな阿佐ヶ谷のバー、よるのひるねに出かけたこともあった。彼の自宅で焼肉の会を開いたことがあったけれど、あのときは食べすぎたあと、床にゴロリと横たわらせてもらい、なかなか立てないでいた。過食は僕の典型的な嗜癖だ。彼の生活ぶりや、将来のことについていろんな話をしているけれど、それはもちろんここで書くわけにはいかない。いずれにしても、今後も末長く付きあっていければうれしい。

三〇代の半ばから、帰宅するとすぐに飲酒を始めて、六時間以上も飲みつづけ、日付が変わったら就寝するという生活に陥った。日常生活は苦しみをもたらしつづけ、文字どおり「飲まねばやってられない」というムシャクシャした気分に支配された。学校生活が向いていないとずっと感じながら生きてきて、社会人になれば生きづらさは減ると思っていたのだけれど、実際にはフルタイムで「普通の人」に擬態しながら生活する日々は、着実に僕の心身をむしばんでいった。東京に行ったときなどは、非日常を楽しむために、ふだん以上に飲みまくっていた。アルコールに支配され、なかば眠りながら謎のセリフをつぶやいたりした。

じきに不眠障害に襲われ、日中に高い集中力を保つのが難しくなった。精神科のクリニックに通うと鬱状態と指摘され、休職が決まった。一度休職すると何度も繰りかえすということを知っていたので、根本的な原因を明らかにする必要があると考え、発達障害の検査を受け、自閉スペクトラム症と注意欠如多動症の診断を得た。発達障害支援センターに所属する支援者に勧められて依存症の治療をするようにと言われ、依存症専門のクリニックに通うことになった。断酒補助剤を服薬し、クリニックの講習会に定期参加し、自助グループのアルコホーリクス・アノニマスにつながった。アルコホーリクス・アノニマスに参加するようになったことで、自助グループへの関心が目覚め、ひっきりなしに各種の自助グループを主宰する現在の生活への扉が開いた。

そうするなかで、「ハーム・リダクション」という考え方を知った。「被害の低減」を意味する言葉だけれど、完全な断酒や断薬をめざしてきた従来の依存症治療へのアンチテーゼで、嗜癖との関係を断つことを棚上げし、どうやれば生きのびられるかを新たな目標として設定し、なんらかの嗜癖との関係を断てないとしても、それをより安全で健康被害の少ないものに切りかえていくという考え方だ。

僕の酒との付きあいは、いつのまにかほかの嗜癖的なものを押しのけ、アルコール一辺倒になってしまった。アルコールを完全にやめないまでも、より安全な嗜癖的代替物で満足する時間を増やすようにしていくことが大事だと悟った。これまでの人生で僕に対して嗜癖として機能してきたものたちが、僕を完全に満足させたことは一度もない。レトロなマンガにしても、レコードにしても、ガラクタにしても、夢中になっていたときには自分の趣味が深まりゆくのに興奮し、集めるものが特殊なので「自分は何かの天才ではないのか」とわけのわからない妄想をはぐくんでいたものの、発達障害の診断を受けると、すべては「自閉スペクトラム症のこだわりの特性」で話が済んでしまうので、従来の仕方でマニアックな趣味に耽ることは、もはや虚しく思われた。

そして僕は、とりあえずの解決策を風呂に見いだした。二〇代前半まで、多くの発達障害者と同様に僕は入浴が不得意だったのに、二〇代の途中から風呂の快楽に目覚めるようになっていた。新たに知ったハーム・リダクションの考え方を参考にして、四〇歳を超えた僕は一日に五度も六度も入浴するようになった。『ドラえもん』ではヒロインの源静香(原作では「しずちゃん」、アニメ版では「しずかちゃん」と呼ばれる)が毎日いろんな時間帯に入浴している様子がよく描写されるが、それに似たような生活になった。「リアルしずかちゃん」の爆誕だ。そうして自宅でもよく風呂に入るのだが、銭湯やスポーツセンターのサウナ設備もよく利用する。サウナ室に入って汗を流し、水風呂で体を冷やす。それを繰りかえして幸せな植物になっていく。東京に行くときは、たいていカプセルホテルを利用する。「なんであんな窮屈な寝床のホテルに」と思われるかもしれないが、多くのカプセルホテルにはサウナ室がついている。そうして「ハーム・リダクション生活」を、つまり安全な嗜癖への耽溺を楽しんでいるのだ。

風呂遊びのほかで言えば、コーヒーがとても好きなので、タバコやソフトドラッグなど、より厄介な嗜癖にハマらないでいられていると思う。ほかには甘いものもそうだ。チョコレートやアイスクリームやジュースといった嗜好品に、だいぶ支えられてきたけれど、これを書いている時点の少し前に、ついに内科のクリニックで糖尿病を診断されたから、それらに依存した日常が言葉の意味どおりの「ハーム・リダクション」だったのかと言えば、疑問がある。これからは東京に行っても「非日常」を口実として、嗜好品に溺れることはできなくなった。悲しい。

いまは毎日少量の酒を飲むに留められている。理由としていちばん大きいのは、こうやって本の原稿を書くことに時間に割けているからだ。つまり、この本を書くこと自体も安全に依存できる嗜癖との関わり、「ハーム・リダクション」の産物なのだ。意欲的な本を書くにはさまざまな情報を収集せざるを得ず、それがぼくの嗜癖を満足させる。言葉を織りなすときには、自分が好んできた種類のマンガを描くようなイメージで、そして自分が好んできた種類の音楽を響かせるようなイメージで書くから、余計に嗜癖が満たされる。どうかこうやって本を書きつづけられれば、ありがたいなと思っている。

第一一章　坂井、金沢、勝山、仙台、石巻

大阪に住んでいた二〇歳の頃まで、僕は福井県に対してなんのイメージもふくらませることがなかった。北陸の人は、関東よりも関西との経済的関係が深い時代が続いたため、福井県の人には大阪に愛着を感じている人が多いと聞いたことがあるけれど、大阪人の側にいると、それを感じる機会はなかった。とくに僕は社会人になる前に大阪を出た人間だから、余計にそうかもしれない。

京都に住むようになると、福井の存在がにわかに大きくなった。京都と福井に拠点を置く京福電鉄という交通機関があるし——あとから現在電車が走っているのは京都だけと知った——、京都の人は海水浴でよく福井に行くと聞いた。ちょうど僕のような大阪人が海水浴で和歌山県に行くのに似ている。それで一度は福井に行かないと、京都在住者として何かが欠けているような気になったものの、そう思ってから実行に移すには一〇年ほどを要した。

三〇代前半のあるとき、「そうだ、福井に行こう！」と閃いた。行き先は坂井市、正確に

はそこにある東尋坊だ。それまでに、自分のゼミ生が教育実習をやっているのを巡回指導する機会が何度かあって、京都府の日本海沿岸の高校にも二回ほど行った。それまで日本海側の地域に対して思い入れがなく、「裏日本」という言葉のイメージから薄暗いような印象を持っていたのだが、実際に見た日本海は陽光のもとでごくふつうに美しく輝いていた。立っている地点から、天橋立がずっと向こうに見えた。それで、同じく日本海側にある東尋坊のような名所も見てみたくなったのだ。

訪れた東尋坊の荒々しい波模様に、心が躍った。水色の空の下に濃紺の海が広がり、侵食が進んだ褐色の岩が打ちよせる波をこらえている。日本海のイメージどおりの、しかも推測していたよりもずっと美しい光景だ。自殺の名所と聞いていたけれど、なるほどこれは思いきって飛びおりてみたくなる。遺体の損傷はひどいものになりそうだ。海のなかに没すれば、魚たちがこの体の血肉をたくさんむさぼってくれるのだろうか。想像力が揉みほぐされて、いきいきと躍動する。

北陸に来たのは生まれて初めてだった。さらに先の地域、つまりもっと北の世界にも足を延ばしておこう、と考えて、北隣にある石川県に行くことにした。めざすは金沢市だ。金沢はかつて「全国京都会議」なるものに加入していて、日本各地にある「小京都」のひとつと見なされていたが、現在ではその会議から離脱して、「小京都」の枠組みにとらわれない歴史都市を自認している。それがどのような街か、京都在住者として見ておきたいと思った。

　金沢の街並みは、公家の街としての京都と異なる武士の街を残していた。僕は京都を歩いている時よりも、規模がより小さい奈良を歩いているほうが、そのレトロな印象から前近代の世界にタイムスリップするような気がしてくるのだが、金沢にも同じことが言えた。その意味では、金沢は京都よりも、歴史的な意味でのロマンチシズムを感じさせ、心地良かった。時代劇のセットに迷いこんだような錯覚を覚える街角がちらほらとあって、楽しかった。

　なによりこの街には金沢21世紀美術館がある。前衛的でポップで、僕はその美術館を日本でいちばん魅力的な場所のひとつだと感じた。フランスのパリにあるポンピドゥ・センター（国立近代美術館）を思いだしながら内部を見てまわった。現代美術（コンテンポラリー・アート）に興味がある人は、ぜひ一度でも訪れてみてほしいミュージアムだ。もちろん、そういう関心のある人は、僕が勧めるまでもなく、この美術館の高い評判を知っていると思うけれど。

　庭に設置されたレアンドロ・エルリッヒの「スイミング・プール」は、表面までなみなみと水が張られているように見えるのに、これはガラス板の上に水が貼られているだけで、プールの内部に入って見学することもできる。頭上の水をとおして揺らめく太陽光と壁の青色の輪舞が非常に美しい。ピピロッティ・リストの「あなたは自分を再生する」は男女両方のトイレに設置された作品で、飲食物の消化とそれによる身体組織の生成をテーマにしていて、排泄の問題について新たな光を投げかける。これらの作品を観ていると、僕はふだん以上に「みんな水の中」と感じる。

坂井市と金沢市を訪れた数年後、発達障害の診断を受けて休職しているさなかに、北陸地域の「開拓」をさらに進めたいという思いが湧いた。今度は福井県の勝山市を訪れたのだった。目当ては市内の福井県立恐竜博物館だ。休職中に、これまでの人生のさまざまな局面を振りかえる時間を多く持った。そうするなかで、子どもの頃に化石発掘に憧れたことがあって、福井県が恐竜化石の名産地として知られていることも知った。その知識を長年にわたって忘れていたことに気づき、一度くらいその地を見ておきたいと考えはじめた。「学研まんが」シリーズの『恐竜のひみつ』や藤子・F・不二雄の『大長編ドラえもん　のび太の恐竜』を思いだしながら、行きの電車に乗った。

博物館には五時間も滞在してしまった。たくさんの恐竜の骨格標本が飾られていて、科学的情報が理知的な様式で記され、贅沢な空間だった。館内の照明がほどほどに暗く、その暗さがまた絶妙で、恐竜の骨の雰囲気を高めていた。見ながら、僕はやはり理系の人間ではないなとも思った。その空間を楽しみながらも、とくに惹かれたのは、空想混じりに太古の時代の水辺の様子を再現したジオラマだったからだ。そこに再現されたシダ植物を見ていると、アイルランドの詩人、シェイマス・ヒーニーが書いていたワラビ賛歌を思いだしてしまう。

ワラビは他の草ほど／自慢はしない／己を閉ざし　秘密の上に／渦を巻く／
およそこの世でワラビの秘密ほど／見事に守られているものはない（ヒーニー
2013: 59-60）

福井県立恐竜博物館

生まれ変わったら、僕はワラビになりたいとつねづね考えてきた。体の端をくるくると何重にもかわいらしく巻いて水辺に立ち、草食動物にバリボリむさぼられて生涯を終えたいのだ。

　むかしの博物学の本に書かれた古代生物の図像に関する研究をいつかやってみたいものだ、と考えながら帰宅した。自宅では、昭和時代に刊行されたレトロな恐竜関係の図鑑を出してきて、空想された怪獣のような姿をした恐竜たちの姿を好ましく眺めた。その日は遅くに帰宅し、眠ったけれど、翌日も興奮がおさまらなかったので、珍しくカラオケに行って、自分の興奮をなだめようと考えた。若い頃は人並みにカラオケを楽しんでいたけれど、歌える歌が少ないし、趣味も同世代と合わないから、誰かと行くことはめっきりなくなった。ごく稀に、ひとりで歌いにいく。

　ザ・ピーナッツの「恋のバカンス」、ザ・ゴールデン・カップスの「クールな恋」、荒木一郎の「いとしのマックス～マックス・ア・ゴーゴー～」、キャンディーズの「危い土曜日」、西城秀樹の「傷だらけのローラ」、太田裕美の「木綿のハンカチーフ」、沢田研二の「勝手にしやがれ」、中森明菜の「少女A」、寺尾聡の「ルビーの指環」、シブがき隊の「Zokkon命（LOVE）」、ラッツ&スターの「め組のひと」、南野陽子の「恥ずかしすぎて」、中森明菜の「サザン・ウインド」、C－C－Bの「Romanticが止まらない」、REBECCAの「フレンズ」、光GENJIの「ガラスの十代」、徳永英明の「夢を信じて」などを歌った。

難しい歌は歌えないから、昭和後半の歌をよく歌う。レトロなアニメや特撮番組の主題歌などを歌うこともある。個々の作品に思い入れがあるものは少ないけれど、音程を外しにくいから楽しく歌える。酒をたくさん飲みながら歌う。歌と音楽で、二重に嗜癖に溺れるのだ。子門真人（しもんまさと）のへたな声真似をしながら彼の曲、「ガッチャマンの歌」、「UFO少年団」、「流星人間ゾーン」、「アイアンキング」、「アマゾンダダダ!!」などを歌った。インド神話を記録した『マハーバーラタ』で神々と阿修羅たちが協力して、不老不死の霊薬アムリタを作りだすために乳海を攪拌する場面が思いだされてくる。

> 神と阿修羅たちがマンダラ山で海を攪拌している間、雷鳴のような大音響が起こった。海中にいる種々の水棲動物は大山により砕かれ、幾百となく死滅した。そして山は、種々の海の生物、地底界に住むものたちを死滅させた。その山がまわされている間、大きな樹々は相互にこすれあって、そこに住む鳥もろとも、山頂から落下した。樹々の摩擦から生じた火は、幾度も燃え上り、火焔でマンダラ山をおおい、山はあたかも稲妻におおわれた黒雲のよう

であった。それは逃げ出した象や獅子を焼いた。そして様々な生物はすべて死滅した。（上村 2002: 146）

休職を始めた前の年には、国際学会と研究会とで、短い期間のうちに仙台に行くことが二度あった。東北に関しては、その数年前に国内学会に参加するために青森市に行ったことが一度あるだけで、僕にはほとんど未知の地域だった。それだけに、東北をもっと知りたいという思いは以前からあった。

初めて仙台駅から出た瞬間、その仙台という街にすぐさま好印象を抱いた。駅前に高架橋が張りめぐらされていて、それがむかしの人が想像したら近未来という感じで、カッコよいと思ったのだ。ふだん暮らしている人にはどうでもよいものか、場合によっては厄介なものかもしれないけれど、僕はその高架橋を行ったり来たりして、ワクワクするのを感じた。エスカレーターがついているから、昇り降りは負担にならない。

学会に参加するまえに時間があったので、仙台城に足を伸ばした。青葉城という雅称がとても好きだ。この「青」とは、もちろん緑のことだが、僕は青だけでなく緑もとても好きなのだ。天守閣が築かれなかった城郭なので、それは残念に感じるけれど、瀟洒な大手門脇櫓などに鑑賞のやりがいがある。伊達政宗の銅像もスラリとした勇壮さを見せびらかしている。
仙台の街、とくにアーケード街を歩いていると、日本のさまざまな都市のことがつぎつぎに思いだされてくる。京都、大阪、名古屋、福岡、札幌、金沢、広島など。日本の街だから、このようなアーケード街はいたるところにあるわけだが、初めてきた大都市で非日常的な気分を味わっているから、心はさまざまな場所のさまざまな時間へとワープしやすい。自閉スペクトラム症によくあるタイムスリップ現象も、注意欠如多動症のマインドワンダリング（注意の方向性がどんどん転動すること）も関係しているのと思う。体験世界がふわふわと別の場所に混ざっていく。

ある店に入って、ずんだ餅を食べた。僕が好きな餅類や団子類と言えば、五月五日前後にしか出回らない貴重さが魅力的な和菓子のちまき、桜の葉の香りが心地よい桜餅、カラフルで楽しい三色団子などだけれど、ずんだ餅の枝豆を砂糖で味付けした餡も、僕の好みどおりだった。緑と白の組み合わせも美しい。

学会のプログラムには最後に遠足が組みこまれていて、僕たちは仙台市の中心から海浜地域へと出かけ、東日本大震災の遺構として保存されている仙台市立荒浜小学校を見学した。この世に存在しないような外見が僕の心臓をユサユサと揺らした。古戦場を歌った蘇軾（そしょく）の詩の一節が頭に甦る。

戰骨淪秋草（せんこつりんしゅうそう）
危樓倚斷霞（きろうきだんか）
百年豪傑盡（ひゃくねんごうけつじん）
擾擾見魚蝦（じょうじょうけんぎょか）

今や、戦場の白骨は秋のしげき草に埋もれてしまい、名残りの高楼だけがきれぎれになびく夕やけ雲のかなたに見える。興亡百年、もはや豪傑たちの姿はなく、水中に乱れ戯れる小魚の群れだけを見る。（小川／山本 1975: 19-20）

さらに近くの東日本大震災慰霊之塔と荒浜慈聖観音を観る。周辺を歩きまわっていると、海岸に到達した。初めて見る東北の海から、震災が起こった日のことを思いだす。あの頃、僕はドイツのベルリンに住んでいて、眼が覚めてＳＮＳを利用したら、日本人たちの様子がふだんとずいぶん異なっていて動揺した。それが震災の状況との最初の対面だった。ふだんベルリンで日本の存在感を感じることはないのに、すぐに日本人のための義援金の募金活動が街中で始まったのは、印象に残った。ドイツではすぐさま脱原発の議論が始まり、他方で事故が起きた日本ではそのようなことはなかったから、日独での報道の落差に苦しむ日々が続いた。

いまあの仙台での学会や、その一〇ヶ月ほどあとに同地で開かれた神話学関連の研究会を思いだすと、主催者として活躍していた山田仁史先生を忍ばざるを得ない。山田先生は仙台で生まれ育ち、この街にある東北大学に就職した人だ。京都では同じ大学院で先輩だったけれど、山田先生は台湾の人類学的研究が専門で、僕はドイツ文学を専門に選んだのだから、長らく接点はなく、顔見知りでもなかった。しかし、ふたりともやがて神話への関心を高め、いつのまにか学会や研究会で同席することが増えた。山田先生は柔和かつ社交的な人で、会話するたびに僕の敬意の念は深まった。僕を仙台でもてなしてくれてから、二年も経たないうちに四〇代で急逝してしまい、そのようなことになるという予感がまったくなかったので、驚いた。京都で逝去のニュースを聞いて僕は、また

東日本大震災慰霊之塔と荒浜慈聖観音

仙台の海で感じた震災の跡を改めて見ておきたいと考えるようになっていた。飛行機を使うことも考えたけれど、京都から宮城県の石巻市まで、新幹線を併用しながら電車で行くことにした。

乗っている車両でほかに人がいなくなると、僕は体をグラグラと揺らし、ガタガタと貧乏ゆすりをした。これは自閉スペクトラム症のこだわり行動なのか、注意欠如多動症の衝動的多動なのか、よくわからないところもあるけれど、もしかすると自己刺激を与えたいというのも嗜癖と言えるだろうか。僕は自宅ではよく、全身を使ったそんな貧乏ゆすりをやっている。布団に寝転がった状態でも、体をガクガク動かしている。他人の迷惑になるため、外ではなるべくしないようにしているけれど、周囲に人がいないときなどは、よく震えている。僕はそれを「ひとり大地震」と呼ぶ。個人レベルの地震を起こしながら、大震災の被災地に行くのだ。

僕は電車やバスに座って過ごす時間がとても好きだ。何をしているかと言えば、iPhoneや MacBook Air を使ってインターネットで情報を検索したり、執筆活動をしたりして、結局は仕事をしているのだけれど、風景が変わることで気分がなごみ、自宅や研究室でやるよりも能率が良い気がする。実際に能率が良いかどうかはわからないから、その感覚が錯覚だとしても、ふだんと異なる環境を得たことによって、気分良く仕事できることはたしかだ。僕はふだんからも余暇や休日に人が少ない電車やバスに乗って、仕事を促進している。そのときの石巻に向かう電車でも幸せに研究することができた。ちょうど書いていた論文を読みかえせば、東北の日本海の香りが漂ってくる。

到着した石巻でのおもな目的地は、石森章太郎(のちの石ノ森章太郎)の仕事を顕彰した石ノ森萬画館だった。駅を出て歩きながら、海辺の街らしい潮風に心をくすぐられた。ところどころに石森キャラの銅像が設置されている。僕は、石森のマンガや石森原作の特撮番組に大量に接する子ども時代を送った世代ではないとはいえ、自分より上の世代が愛した古いマンガを読んでいくなかで、とくに惹かれた作家のひとりが、石森なのだった。物語の構成能力はそんなに高いとは思えなかったから、正確に言えば惹かれたのは、そのデザインセンスだ。洗練されているのに、どこかしらダサい要素があって、それが安心感を与える。カッコよさと親しみやすさが同居している。

人生をとおしていろんなマンガを読んできたけれど、石森の作品は僕の感受性の中心に位置しているような気さえする。僕が自分の趣味の中心に、サイケデリック・ロックを置いているのも、石森への共感が関係しているかもしれない。石森の音楽に対する趣味はクラシックが中心だったが、サイケデリック・ロックのチープな音色やあまりに派手でケレン味のある配色のジャケット、神々しい超感覚的世界を目指そうとする精神性などが、石森作品の世界観にかなり近しいと感じる。思えば僕が世界のいろんな国に行ってみたいと初めて思ったのも――その記録が『イスタンブールで青に溺れる』――、ひとつは中学生のときに読んだ北杜夫の『どくとるマンボウ航海記』の影響だっただろうけれど、もうひとつは近い年頃に、石森が青年時代に世界一周をして、その経験をもとに『サイボーグ009』を構想したという情報をどこかで読んだからだった。

石ノ森萬画館は、石森の作品どおりに、その外観からしてレトロな未来イメージを思わせる建物だった。内装も同様で、マンガ家を顕彰したさまざまなミュージアムをあちこちで訪れてきたものの、僕の知るかぎり、もっとも完成度が高いのがこの石ノ森萬画館だ。石森の少女マンガ『龍神沼』のパネルを見ていると、一九六〇年代の貸本少女マンガ界で活躍した矢代まさこは、石森のこの路線の後継者だったことに、いまさらながらに気づいてしまう。僕は古書市場にもなかなか出てこない矢代の貸本マンガ作品を一〇代から収集しつづけてきたから、そんなことにも気づかないでいたことに自分で驚いた。発達障害があると、普通の人よりも敏感になる局面もあれば、鈍感になる局面もある。

館内を出て近くの広場に行くと牡蠣、つぶ貝、サザエなどの料理をさまざまに楽しめる屋台が設営されていた。ほんとうは生牡蠣を食べたかったけれど、衛生上の問題があるからか、調理したものしか売っていない。僕は牡蠣焼きと、牡蠣飯と、牡蠣汁と、つぶ貝の串焼きと、サザエのツボ焼きを食べた。食べながら、海産物は水棲というだけで、その外見の不気味さな印象が、どうしてこんなにもやわらげられるのだろうか、と考えこんだ。

僕は自宅で料理しているとき、シジミやアサリやハマグリといったありきたりの二枚貝を見つめながら、本体のぬめぬめは異様なほどに怪物的な姿だと感じる。サザエ、マテ貝、ミル貝などはもっとそうだけれど、もしこれらの貝類が陸棲で、地面や木肌をズルリッ、ズルリッと這いまわっていたら、多くの人はそれを食べたい気にならないだろう。エビ、カニ、ナマコなどもそうだ。あれらがカシャカシャと、そしてぬるぬると自宅の裏庭でうごめいていたら、それらを食べる気にはならないと思う。彼らは水棲だから、そうして僕たちの日常生活から隔てられている結果、また水に濡れている外観のために、海水できれいに洗われているように感じられ、清潔に見える。水の力はこんなところからも窺える。

潮風に誘われて、海の彼方が見える地点まで歩いて行った。フランスの作家ヴァレリー・ラルボーが、南米の富裕な(架空の)アマチュア作家、A・O・バルナブースが日記に書きとめたものとして設定した詩「希望」を連想させられるような光景だ。

数しれぬ襞(ひだ)を持つ大砂漠　星々の間に
棕櫚(しゅろ)の木の巨大な黒蜘蛛　そして

そぎ　削られた斜面
その埃の上に　蒼ざめた植物の蛸が眠る
真っ青な風の吹き渡る庭　呻きを
あげる茂みの中で船が風にやられ
なめらかに流れやまぬ水は
永遠の恍惚に喜びの声を洩らす
また芝生の彼方には　煙を吐く複葉機の
巨大な巣　駅は歌う
湖をとりまく山々の　おそがての森
そのしじまに　鶫(つぐみ)の声が重く落ちて
幸せと　熟れゆく夏の鼓動
秋の陽(ひ)は　まさに　敗れ去ろうとして
最後の光が木の幹を背にあがき
また他の光は　暗い芝生ですでに
長い断末魔の苦しみをなめている
しかし　暖かい信頼で僕を包んでくれる

甘やかな希望は　それらすべてよりもっと甘い
僕は夜も眠らず　僕の目は夜明けの染みがふくらんで
暁の水溜りが　おもむろに　空と海を
満たすのを見るだろう

（ラルボー 2014: 17-19）

石巻駅から仙台駅に行き、新幹線を乗りついで京都に戻った。電車のなかでは缶ビールをぐびぐび飲んだ。良い体験をしたという経験と好きな銘柄のビールが強力な嗜癖となって僕を支配する。海や川や湖など、水をともなった美しい風景を楽しめる場所は、いつも心を整えてくれる。しかし、あの水が土砂を巻きこんで、人々を無惨に飲みこみ、殺したのだ。

第一二章　東京（B）、箱根、真鶴、堺、尾道、宇部、下関、水俣

二〇二一年の一〇月に、初めて「聖地巡礼」と呼ばれるものに興じた。一〇代の頃に愛好したアニメの舞台として設定された土地をいくつか回ったのだ。

正直に言えば、僕はそういう活動にあまり向いていないと思う。自閉スペクトラム症者には、空間の把握が苦手で方向音痴だという人が多いけれど、僕もやはりそうだ。左右盲の傾向もあって、右か左かという判断が瞬時にできない。ほかの人が覚えていることを忘れてしまったり、逆に誰もが忘れたことを覚えていたりする記憶特性があるために――これも自閉スペクトラム症者に多い現象――、見えている場所がさまざまな別の場所と重なって感じられたり、逆に何度も見た場所が初めて見る場所に思えてしまう。

かつては青信号が赤信号に変わった瞬間に横断歩道を渡ろうとしてしまうことも多かった。「色が変わった」という現象を、前進して良いという合図だと錯覚してしまうのだ。頭のなかを走っている思考のどれかに没入してしまい、それによってほかの思考に注意が回らなくなる。強烈に注意しているからこそ、それが終わると虚脱感から不注意が発生する。発達障害の診断を受けてから、自分を過信することがなくなり、自分は「障害者」なのだ

と言い聞かせ、「障害者モード」という心持ちを脳裏に常駐させることで、ずいぶんとマシになった。それでも、電車で逆方向のものに乗ってしまったり、降りるべき駅で降りられなかったりすることが頻繁にある。

僕は散歩するだけで簡単に過集中に突入するので、歩いていると闇雲におかしな方向に進んでしまって、街中でも迷子になってしまう。けれど、それはいわゆる「ゾーン」に入っているということで、かなりの昂揚感がある。それで歩くこと自体も、僕は一種の嗜癖ではないのかと考えてしまう。少なくとも頭のなかでは、アルコールやドラッグに溺れているときと同様に、ドーパミンがどぱどぱと噴出されているはずだ。自閉スペクトラム症の「こだわり行動」のために、僕は歩きながら足首をコキコキ回すから、歩いている僕は、主観的にはたいへんな思いをしているけれど、客観的に見たら笑い話になると思う。喜劇俳優チャールズ・チャップリンが、人生は近くから見れば悲劇だけれど、遠くから見れば喜劇だと語ったとおりだ。

とにかくまずは東京に出てきて、聖地巡礼の前にオードブル的なものを楽しむことにした。入館予約をした三鷹の森ジブリ美術館に行く。すでに充分に疲れたけれど、乃木坂の国立新美術館で開催されていた庵野秀明展にも同日中に行った。翌日には、神奈川県の川崎市に出かけて、藤子・F・不二雄ミュージアムを楽しんだ。一九八〇年代のジブリアニメ（とくに『天空の城ラピュタ』と『となりのトトロ』）、庵野秀明監督の作品（とくに『ふしぎの海のナディア』、『トップをねらえ!』、『新世紀エヴァンゲリオン』）、藤子・F・不二雄のマンガ作品（とくに『ドラえもん』、『T・P（タイム パトロール）ぼん』、SF短編）などは、少年時代の僕の精神形成にかなり大きな影響を及ぼした。結婚して子どもがいたら、親子連れで行きたいような場所だけれど、僕は孤独にひとりで生きている。

　翌日から聖地巡礼の本番。まずは東京から箱根に向かった。小田急電鉄の特急ロマンスカーに駆けこみ乗車をしてしまったけれど、これは「障害者モード」を手放した態度で、まことによろしくない振るまいだった。僕はすぐに転んだりぶつかったりするから、自分だけでなく他人に迷惑をかけかねない。反省しながら、電車に揺られた。関西で生まれ育ち、長く暮らしてきた僕には、箱根には「箱根の山は　天下の嶮（けん）　函谷關（かんこくかん）も　ものならず　萬丈（ばんじょう）の山　千仞（せんじん）の谷」で知られる瀧廉太郎作曲、鳥居忱作詞の「箱根八里（箱根の山）」と、今回の旅の目的に据えた『エヴァンゲリオン』の舞台というイメージしかない。もっとも、それは僕が関西人だからというだけでなく、発達障害者なので常識が弱いということも関係していそうだ。

　箱根湯本駅に到着すると、箱根登山鉄道に乗りこむことになる。しばらくすると、電車は強羅（ごうら）駅に停車する。この一帯が『エヴァンゲリオン』の劇中で登場する「強羅絶対防衛

ゴンドラから眺める大涌谷

線」の強羅なのか、と感心する。この駅で狭い車輌の箱根登山ケーブルカーに乗りかえ、早雲山（そううんざん）駅に到着するのを待つ。その駅から箱根ロープウェイに乗りかえる。同行者がいないので、ゴンドラにひとりで乗りこむ。足元に広がる深い空間を恐ろしく感じる。ぼんやりと外を眺めていると、不快な硫黄臭が漂ってきて、殺風景な斜面に湯気のような煙がもうもうと立ちこめる大涌谷（おおわくだに）の風景が眼の前に広がる。噂として聞いていたとおり、地獄を連想させる風景だ。

　すぐ先にある大涌谷駅でゴンドラを乗りかえて、さらに運ばれていくと、視界の中央に芦ノ湖が開けていく。青い湖面が白いこまかな光の粒を無数に乱反射させている。『エヴァンゲリオン』では、軍事作戦の結果として、第二や第三の芦ノ湖が増えた、という台詞があった。それを現実の光景を見ながら想像してみることは、楽しい。「ヤシマ作戦」という劇中屈指の見せ場が展開する二子山の方角を眺めた。その名のとおり、双子のようにしてふたつの峰が並んで連なっている。アニメに登場した姿を容易に思いだすことができて、それを初めて視聴した一六歳の頃が懐かしく、感無量の気分になる。

　桃源台駅に到着したあと、駅を出て、近くを少し散歩してみたが、とくにおもしろい場所はなさそうだった。正確に言えば、僕のように一般的な観光に対して感度の低い人間には、楽しめるような場所は限られているのだろうと思った。基本的に箱根は、アニメにな

芦ノ湖

った舞台を訪れる人々がいなかったとしても、もとより観光地として栄えてきた地域だと聞く。駅には箱根登山バスの停留所が隣接していて、そこに立っていると、さっとバスが来て停車した。それに乗れば箱根湯本駅に戻ることができる。行きとは異なって、帰りは乗りかえの手間がない。バスの車窓から風景を眺めていると、仙石高原でススキが風になびいていた。くすんだ黄金色に見えて、美しい。仙石原小学校前のバス停につき、この学校が主人公たちが通っていた中学校のモデルになったことを思いだした。

箱根から東京に戻った翌日には、六本木に出かけた。今度は中学時代に好きだった『美少女戦士セーラームーン』の舞台、東京の麻布を歩いてみようと思ったのだ。中学時代、家族が出かけているときを見計らって、テレビの前でひとりこっそり録画した『セーラームーン』を観ていた日々が懐かしい。学校では、この少女向けの、そしてエロティックな印象のあるアニメのファンだということがバレて、ヤンキーの男子生徒にいじめられたこともある。そんな苦い思い出もあるけれど、インターネットも普及していなかった時代のオタク的ファン活動は楽しいものだった。なかなか情報が手に入りにくい時代だから、『ニュータイプ』、『アニメディア』、『アニメージュ』といった月刊のアニメ専門誌を購入し、特集ページから「版権イラスト」(アニメ作品の制作元が作成・監修したイラスト)を切りぬいて、収集するのが、快感だった。

早朝、麻布十番駅から出てきて、マクドナルド、パティオ十番、カレイドスコープ昔館、仙台坂、氷川神社、有栖川宮記念公園、東京都立中央図書館をじっくりとめぐっていく。iPhoneで複数のウェブサイトを見ながらノロノロと進み、広尾駅で順路を終えたのだけれど、この一帯が、これほど起伏に富んだ地形だとは想像していなかった。大阪と京都の平坦な都市部でほとんどの人生を送ってきた僕にとって、東京はそもそも「坂だらけ罰ゲー

氷川神社

ムの街」に思えてしまう。よくもこんな山あり谷ありの、いかにもかつては田舎中の田舎だったことが容易に想像できる土地を、ここまで洒落た大都会へと完全に改造できたものだ、と最近四〇〇年ほどの東京人に感心する。東京の都市部で、坂道をぜいぜい息を切らして登り降りするたびに、江戸時代に入る前の時代の丘や峠や小山を思いうかべながら、歩いてしまう。

ところでその翌年、二〇二二年の七月には、ふたたび六本木を訪れた。このときにめざした先は、六本木ミュージアムでやっている「美少女戦士セーラームーン　ミュージアム」だった。僕にとって麻布十番や六本木とは「セーラームーン」なのだ。道を進んでいると、東京タワーが視界に入った。思えば東京タワーを実際に見たのは、生まれて初めてだ。国会図書館を頻繁に利用するから、国会議事堂の外観は飽きるほど観てきたけれど、東京タワーと東京ドームと、東京スカイツリーと東京ディズニーランド（これは東京にないけど）は一度も観たことがなかった。いずれスカイツリーとドームとディズニーランドを観る機会もあるのだろうか。人生というのは、なんでも願望がかなうとおもしろくないから、その三つを観ないまま死んでいくのも良さそうだとは思う。そんなことを考えながらセーラームーン展を楽しんだ。客層の男女比は1対20くらいだと見受けた。

二〇二二年は、五月と八月に神奈川県の真鶴町（まなづるまち）を訪れた。この街の海岸沿いは、南フランスやイタリアの地中海沿岸を連想させるために、「日本のリヴィエラ」と呼ばれているらしい。「リヴィエラ」とはイタリア語で海岸のことだ。この真鶴でマンガ原作者・脚本家の香川まさひとさんが民宿を営んでいて、僕には以前から香川さんと交流があるので、一度で良いから訪れてみたいと思っていたのだ。しかし僕は要領が悪いから、初めに訪れた五月には二四時間も滞在できず、そそくさと宿を後にした。帰宅してから後悔し、もっとあの街の良さを噛みしめるべきだったと反省して短い間隔だったけれど、八月にまた訪問した。二回とも応対して世話を焼いてくれた香川さんに心から感謝している。

五月のその日は、街の風景は霧雨でけむっていた。香川さんの子息が協力してくれて、僕は民宿の近隣を案内してもらい、空と海とが灰色に混じりあった港を見せてもらった。夕飯は香川さんに案内してもらって料亭に出かけたところ、食事が驚くほどおいしかった。むかしから海鮮料理が好物で、海に面した街に行くたびに魚介類に舌鼓を打ってきたものの、ここまでおいしく感じたことは一度もない。実際に真鶴の料理文化の水準が高いからか、めずらしく誰かと食事をすることで心が昂（たかぶ）っていたからかは、わからない。僕はたいていの旅行をひとりでやるし、食事もひとりで取る。部屋に戻って優しい雨音を聞きながら、高い湿度にくるまれて眠るのには、ゾクゾクするような快感があった。僕はふだんよりもずっと「みんな水の中」の世界を生きていた。

八月は夕方に民宿に到着したので、季節柄、全身が汗でべとべとになっていて、すぐに冷水のシャワーを浴びさせてもらった。そのあとは五月にも使わせてもらった部屋に入って、冷房で涼みながら、ゴロゴロ転がって気楽に時間を無駄遣いした。あしたは海に出かけようと考える。はたしてどんな海の生き物に出会えるだろうか。インターネットを検索してみると、真鶴の浜辺では小魚、貝類、蟹、アメフラシなどのかわいらしい生き物がいろいろ見られるようだ。海で遊ぶなんて一〇年以上ぶりだ。

香川さんに誘われ、五月にも連れていってもらった料亭に夕食に行く。サザエの甘辛煮がつきだしで出てくる。パクパクと一気にたいらげて、生ビールをぐっと飲む。真夏の夜にふさわしい最高のひとときだ。海鮮サラダもうまい。「本日の地物にぎり」を注文する。黒あわび、まとう鯛、庄子（しょうご）（カンパチの若魚）、イサキ、活あじ、活さざえ、サワラ、天然クエ、スズキ、真鯛と、つぎからつぎに非常にうまい握り寿司が出てくる。エビの味噌汁もまた素晴らしい。追加で生牡蠣とミル貝の刺身を注文した。いずれも文句のつけようがない。酒と海鮮料理の嗜癖天国。

その夜はかわった夢を見た。一九八〇年代くらいの時代に、西ドイツの大学に留学していて、視界はオールカラーでなく、古めかしい写真のようにセピア調にくすんでいる。映画祭が開かれて上映作品を鑑賞するが、内容は共産主義の露骨なプロパガンダだったため、観客席から抗議するかのような非難めいたざわめきが起こる。するとやおら、画面ではドイツ人の美少女が登場するソフトポルノの映像が始まり、「これは中止だ！」と誰かが叫んで、会場内は乱闘騒ぎに発展する。親日派のドイツ人の女子学生たちが、映画祭では日本のアニメ作品も上映してほしいとデモ行進をしていて、僕は八〇年代のドイツで日本のアニメがすでに人気だったとは、衝撃の事実だと感じる。人気の高まりは『ドラゴンボール』や『セーラームーン』の九〇年代からだと思っていた。今度はそういう日本のアニメが上演されるけれど、その内容はドイツ人の生真面目さを茶化す内容で、会場の雰囲気はますます険悪になる。上映を求めた女子学生たちは「してやったり」とゲラゲラ笑いをしている。どこかの学生委員会で、この映画祭の企画について議論が交わされる途中、僕はようやく眼が覚めた。

真鶴の街

　翌日はまず水シャワーを浴びて、散歩に出た。まずは駅前でバス停を探してうろうろする。時刻表を見て、バスの便数がそんなに多くないことを知り、タクシーを拾って岬まで行ってもらう。そこには「ケープ真鶴」というバス停がある。周辺を探索すると、与謝野晶子の歌を刻んだ碑文が立っていて、彼女のこのような碑文を見るのは何度目だろうか、旅行好きの人だったんだなあとぼんやり思う。それにしても日差しがやばい。これは熱中症になると思って、半袖シャツを頭に被った。発達障害者にふさわしい迂闊さで、帽子を自宅に忘れて持ってきていなかったのだ。石段を降りて浜辺に向かうと、足元で大きなフナムシが何匹も、ちっぽけなネズミたちのように、あるいは高速で動くナマコのようにぞわぞわと視界の端を走っていく。それはなんとも不気味なのだが、ゆたかな草むらは美しく、昆虫を愛する少年の日々が思いかえされてくる。

　この浜辺は三ツ石海岸と呼ばれていて、階段を下りると視界の真ん中には、海上に「笠島」とも呼ばれる三つの岩が見える。「真鶴岬と三ツ石」として「かながわの景勝50選」にも選出されているそうだ。足元には丸っこい大小の石や岩がたくさんあるのだが、大小さまざまなフナムシがびっしりと、悪夢の世界のようにうごめいている。「蠢(うごめ)く」という漢字のイメージ通りに、虫だらけでぞわぞわする光景だ。よく見ると、水中ではところどころでカニたちが動いていて、これは愛らしいと感じる。大量のフナムシに鳥肌が立ち、ちょっぴりの蟹たちに慰められる、人間という生き物の身勝手さか、僕自身の傲慢さか。磯遊びのための玉網や透明ケースの虫カゴといった道具を何も持ってきていないから、水のなかまでは探索できない。インターネットを検索すると、この海岸では本来、神奈川県が天然記念物に指定しているウメボシイソギンチャクなど一〇〇種類以上の生き物が観察できるそうだ。

三ツ石海岸

階段を上ってケープ真鶴に戻りながら、数種類の美しいアゲハ蝶がひらひら周囲を飛びながら踊っている様子を見た。子どもの頃はいろんな昆虫の名に詳しかったけれど、いまではほとんど忘れてしまっている。朝早い時間だったので、ひとりで浜辺にいられたのはよかった。バス停の近くにあるベンチ付近で、だらだらと暇に過ごした。あまりに暑いので、よくやっているように iPhone で原稿を書こうという意欲が湧かない。水道の蛇口をひねって、何度も頭から水を浴びた。水はぬるくて、それほど気持ち良くない。熱中症を警戒して、自動販売機でペットボトルの水を買い、ぐびぐび飲む。これはさすがにひんやりしている。しばらくすると近くの草むらに入って、昆虫たちと戯れた。ぴょこぴょこ跳ねる小さいオンブバッタたちは、まだ羽化していない。他方でショウリョウバッタたちは、チキチキと音を立てながら、短い空中飛行を披露しあっている。

一時間くらいでバスが来て、乗りこむ。しかし乗っていると、近くの真鶴町立中川一政美術館の前に留まったので、反射的に降りることにして、美術鑑賞に興じた。美術館の前では一匹の蛇がしゅるしゅると散歩していて、野生の蛇を見たのは生まれてはじめてだ、と思った。展示内容はすばらしかった。バラやヒマワリが瀟洒かつ豪放という謎の筆致で活写されており、マジョリカ陶器の図柄にもユーモアを感じられた。本数が少ないバスの時間に合わせて退館して、そのバスに乗りこんだけれど、食事処が眼に入ったので降りて、海鮮料理を食べながら、あとで店の前に広がる浜辺に降りるのを楽しみにする。真夏の昼にひとり海の街でビールを飲めるとは、なんという幸せだろうか。

食べおわってから、下に広がる琴ヶ浜に向かう。青い澄んだ海が真夏の陽光に照らされ、きわめて美しい光景が広がっていた。親子連れがあちこちで遊んでいる。岩が連なり、磯が広がっていて、僕のような運動音痴の人間は慎重に動かないと、転んで怪我をするのがオチだ。さっきの三ツ石海岸よりも、フナムシの数がさらにすごい。岩の表面自体がぞわ

琴ヶ浜

ぞわとうねっているかのようだ。困るのは、岩から岩に足を動かして移動するときに、フナムシたちを踏みつぶしそうになることだ。できる限り、自分の手を汚す仕方で生き物を殺したくないものだ。さっきまで海鮮料理を楽しんでいたのだから、まことに勝手な価値観ではある。水中に蟹たちが少しいた。小魚を見たかったけれど、視界には入らなかった。

昼過ぎに民宿に戻って、あとは思う存分だらだらしていた。多少は論文や本の原稿を書こうかと思ったけれど、休暇中も働こうとするのが僕の悪いところのひとつなので、やめておいて、とにかくだらだらすることに集中して、SNSの新着情報をチェックした。ラジオ番組の聞き逃し配信をいくつか聞いた。こんなにもだらけた時間を過ごしたのは、いつぶりだろうか。夜になったら、また香川さんに連れられて、今度は初めての店に行く。この店の料理もやはりうまかった。天ぷらを食べたけれど、抜群にカリカリしていて、嚙みごたえが楽しい。民宿に戻って風呂に入り、ますます幸せになった。途中で立ちよったコンビニで買った枝豆を食べながら、五〇〇ミリリットル入りの缶ビールを飲む。豆の淡い塩味は、近くにある海の香りに通じるような気がして、絶妙だった。酒がなければ、人生は暗黒だ。

翌朝も早くから海に出かけた。香川さんに海岸に行くと言ったら、玄関にある磯遊びの道具を持っていくと良いと声をかけられ、ありがたく従った。玉網と透明ケースの虫カゴを持って、岩海岸と呼ばれる場所まで三〇分ほど歩いていく。浜辺では、火山の溶岩からできたというのが明らかな岩塊があちこちに露出している。網もカゴもあるから、海のなかを網ですくってみたけれど、目ぼしいものは何も見つからなかった。カゴには何も入れられず、悲しかった。きのうのふたつの海岸と異なって、フナムシはまったく見当たらない。ところどころにタニシが見える。スニーカーを打ちよせる波で濡らしながら歩きまわり、探索したけれど、魚もアメフラシも発見できない。もっと深いところまでじゃぶじゃぶ進んでいけば、いろんな生き物がいるのだろうか。インターネットを検索すると、磯遊びのベストシーズンは五月だと書いてあって、しまったと思う。前に来たときが、いちばん良い季節だったのだ。海で遊ぶと言えば真夏のイメージだったけれど、それは人が泳ぐのに最適ということで、磯遊びはまた別なわけだ。

一時間くらいで、生き物を探すのを諦めて、海辺を離れた。宿に戻って、香川さんとマンガのことや現代思想について語りあい、昼前に挨拶をしてから去った。駅前の料亭に行き、「その日の地物にぎり」をいただく。アワビ、煮サザエ、ハタ、太刀魚、マツダイ、石鯛、イサキ、スズキ、活アジ、真鯛の握り寿司が出てくる。うまいけれど、やはり夜に酒を飲みながら香川さんと食べるほうが、ずっとおいしい。ビールは飲むにせよ、なんだか味気ない。生簀(いけす)に飼っているサザエを唐揚げにしてほしいと頼む。とても大きくて、磯の香りが鼻の奥で大きくふくらむ。そうして僕は京都に戻った。真鶴の美しい海は、アメリカの作家ヘンリー・デイヴィッド・ソローが遺した日記の夏に関する記述のように清々しかった。彼は一八五一年六月一四日に書いている。

歩いていた小道が低湿地の小川と交差するところで、ワラビが育つ濃厚な空気の中に独特な素晴らしい香りがした。大地の芳しさであり、露というものが自然の芳しいエキスを蒸留したかのよう。／そして今、ヤナギがこんもりとおおっている土手道に入ると、私の感覚はもう一度素晴らしい香りにとらわれた。それが特別な植物から来ているのか、それともよい香りのするハルガヤとか野バラから来ているのか、わからなかった。今太陽は完全に沈み、どうやら夢心地のヒキガエルが聞こえてくる。暗い森からはホイッパーウィルヨタカ、さらにカッコーが。八時からそれほど経っていない。ウタヒメドリは再び春になったかのごとくヤナギの間で元気よくさえずる。ムクドリモドキの荒削りな調べが低湿地一面に響く。そしてヴィーリチャイロツグミの調べは森から。魚たちは川の水面にさざ波を起こし、そこに降り立つ昆虫を捕獲する。ボートに乗った一人の釣り人が、この光景の中にいる。丘に登る

と、ひんやりし香りの良い露をおびた奥地の山の朝の空気の中に自分がいることに気づく。月は今やフェアヘーヴンの上にのぼってきた。青白く川に反射し、雲で隠され、それ自体が銀色の雲のようである。（ソロー 2015: 133-134）

同じ二〇二二年八月には、大阪府の堺市、岡山県の倉敷市、山口県の宇部市と下関市、熊本県の水俣市も訪れた。堺市は与謝野晶子記念館、倉敷市は小津安二郎の『東京物語』にゆかりのある場所、宇部市は庵野秀明監督の『シン・エヴァンゲリオン劇場版:||』に登場した場所、水俣は石牟礼道子作品の関係地を訪れるのが目的だった。

大阪市南端の区で育ったので、隣接する堺市は子どもの頃からよく意識する存在だった。小学生の終わり頃、友だちと自転車に乗って堺の古本市に出かけたときは、子どもたちだけで大阪市から出るということに興奮した。そのくらい、自分のふだんの生活圏を離れることが少ない日々だったし、古本趣味がまだ目覚めていなくて、新鮮な体験だった。成長後は京都市に住むようになったので、堺に思いを馳せることはほとんどなくなった。その日、JR西日本の堺駅で初めて降りたけれど、駅も周辺地域も異様に殺風景で驚いた。戦国時代に大阪は、現在の大阪市にあたる区域よりもむしろ現在の堺市にあたる区域が先行して発展したので、堺市の中心部には大阪市よりもずっと雅で歴史的な風格を感じさせる一帯が広がっていると勝手に期待していたのだ。その期待が、裏切られた。

千利休と与謝野晶子という堺出身のふたりの有名人をむりやりまとめて顕彰した、さかい利晶の杜という施設に与謝野晶子記念館が入っていた。実質的には晶子に関する展示コーナーを「記念館」と呼んでいるのだ。本書の第一部で千利休に言及したように、僕にとって利休も大きな関心対象ではあるのだけれど、その日は堺市中心部の無趣味に気落ちして、心持ちが所在なくなってしまい、利休に関する展示をゆっくり眺める気にならなかった。晶子に関する展示だけを観たところ、それはけっして大規模なものではないけれど、一定の満足を得るものだった。何よりも晶子の著作が想像よりもずっとモダンで洒落ていて、元古本マニアとしては「欲しい！」と思ってしまう。晶子が旅した日本各地の土地を図示した地図も掲げられていて、つい最近真鶴で記念碑を観たばかりだったから、興味深かった。晶子に関する知らない本がないかなと思って図書室でしばらくあれこれめくったあと、京都に戻った。

その数日後、まだ八月のうちに、京都から新幹線に乗った。朝食の駅弁を買いたかったけれど、朝早いのでプラットフォームのキオスクが開いていなかった。新幹線に乗るとき、僕は柿の葉寿司を買って食べることを習慣にして、それが新幹線による旅の楽しみのひとつなのだけれど、仕方がない。新大阪、新神戸、姫路、岡山、福山と停車していく。福山駅で乗りかえるため、朝ごはんとして広島名物のアナゴ飯を買ったものの、残念ながら好みの味ではなかった。魚介類が好きだが、アナゴはなかなかおいしいと感じることがない。いつか抜群においしいアナゴ料理を食べられるのではないかと期待して食事に選ぶことがあるけれど、九割は不満に終わる。

　雨がざんざか降っていて、水滴が福山から尾道までの電車の窓を激しく打って跳ねる。尾道駅に到着したのは京都駅を出てから二時間半弱の頃だった。駅前からバスに乗って、一〇分足らずで浄土寺のバス停に着く。雨は強まったり弱まったりしている。石の階段をゆっくりと上る。ドジな僕はいかにもすべって、転落してしまいそうだから、手すりをしっかりと支えにする。不測の事態が起こりやすい旅先では、ふだんの生活よりも、ずっと「障害者モード」を発揮するべきなのだ。上りおわって振りかえると、気づかずに鉄道の線路をくぐっていたことがわかった。その向こうには尾道水道と呼ばれる瀬戸内海の海峡が広がっている。晴れていたら、きれいな青色を楽しめたことだろう。上っているときには足並みに過集中して気づかなかったけれど、石段の両端にはたくさんの幟（のぼり）が林立しており、それぞれが霧雨によって揺らめいていた。青くて赤くて灰色で、緑が点在して海と空が広がっていて、まるで金魚鉢のような眺めだ。尾道の浄土寺境内をうろうろして、『東京物語』の場面を思いだそうとするけれど、石灯籠の配置が変わっていて、記憶のなかの

尾道の浄土寺より

映像とうまく照合できない。しかしここまで来られたのは良かったと思う。来たときとは別の道を辿ってくだり、尾道水道を左手側に見ながら、海岸通りを進み、おのみち映画資料館に向かう。開館時間まで少しあったものの、館員が親切にも早めに内部へと導いてくれた。展示物をざっと眺めて、ミニシアター室に入る。『東京物語』や同じく小津作品の『秋刀魚の味』、尾道市政百年記念の映像などをかれこれ一時間ほど観た。性質上、ものすごくおもしろいというものではないけれど、たまにはのんびりとこんな時間を過ごすのも、乙なものだ。いつもはひたすら何かを読んだり書いたりするか、気持ちを張りつめて芸術鑑賞をしているかなのだから。海岸通や尾道商店街をぶらぶらと歩きまわり、尾道ラーメンを食べてから、駅に戻った。

福山に戻って、新幹線で新山口に行き、そこから宇部新川に向かう。鉄道の接続が悪いこともあって、尾道から宇部新川まで三時間半以上を費やした。山口県宇部市の中心にあるのは宇部新川駅で、まるで中心駅のような名称の宇部駅は市の郊外に位置している。実情を反映して、宇部新川駅が宇部駅、宇部駅が西宇部駅という名称になっていた時期もあるけれど、いまは再改称されて、もとに戻っているという情報をウィキペディアで読んだ。関西人の僕は、宇部市のことをほとんど知らないものの、山口県では第三の規模の市のようだ。僕は「大都会だな」と呟いた。京都の冴えない地区に住んでいる僕には、さまざまな場所が都会に見える。

この街に来たのは、『シン・エヴァンゲリオン劇場版:||』で、駅周辺の風景が予告のポスターやチラシに使われたり、駅構内が結末近くの舞台になったりしたからだ。長年の庵野ファンとしては――世間に広く認められる前からの熱烈なファンでありつづけた者のひとりとしては――は、箱根に続いて、この地もどうしても訪れたかったのだ。駅構内を出て、近くにある島通踏切や小串通踏切に行き、ポスターやチラシのなかで主人公が立っていたと思われる地点を探す。周辺はじつにありきたりの街並みで、情緒めいたものは何もない。なんだかいつの日にかに、睡眠中の夢に出てきた日本のどこでもない街のような既視感がある。

それから駅に戻って、ポスターやチラシでカメラが置かれていたと想定される地点を探す。インターネットを調べてみると、構内にある立ち入り禁止の踏切から、特別に許可を得て撮影されたと書いてある。プラットフォーム上を動いて、その踏切に近い地点から先ほど訪れたふたつの踏切の方角に向かって撮影する。さらに、映画のなかで主人公たちが姿を見せたプラットフォームに移動し、人を避けながら撮影する。階段を上り下りしてみる。なんの変哲もない駅だけれど、かつての庵野秀明は近隣に住む少年として、この駅を頻繁に使っていて、そのプライヴェートな要素を作品に取りこんだのだろう。僕もいつか何か映像作品を作ることがあるならば——そんな予定はまったくないにせよ——、少年時代の僕にとって最寄駅だった、JR西日本・大阪環状線の鴫野駅や大阪メトロ・南港ポートタウン線のポートタウン東駅を自作のなかに映しだそうとぼんやり考えた。

駅構内で「庵野秀明展」という文字を見かけ、興味がグッと湧いて、地元の山口で特別な展覧会をやっているのだろうか、と慌てた。インターネットを調べてみて、一年近く前に東京で訪れた展覧会がここに巡回しているのだとわかり、無理して行かなくても良いと判断できて、安心した。スタンプラリーのハンコを押す場所もあったが、この手の商業性の強いイベントは苦手なため、不参加を決めこんだ。スタンプを押すためだけに、なかば強制的にあちこちへと足を運ぶように仕向けられ、子どものお使いに対するお駄賃やボールを取って戻ってきた犬へのご褒美のようにして景品をもらうというのは、自由意志を侵犯されているかのようで、屈辱的めいた感情をもよおさせる。

宇部新川から宇部へ、さらに同じ山口県内の下関に移動して、この街で飲み屋をめざす。以前から一度は本州の西の端にあるこの下関に来て、名物のフグ料理を食べてみたかった。駅前のモール街が複雑で、規模はぜんぜん違うけれど、大阪の梅田を思いだす。大阪にあるもので、東京にあるものよりすごいと言えるものは少なくても、梅田一帯の複雑さは日本一だとよく話題になる。僕は蜘蛛の網にかかった虫けらのように、何度も梅田の罠にかかってきた。それと同じようにして下関の罠にハマり、あちこちを行き来しては、むなしく時間を費やした。店に電話をかけて行き方を聞いても、電話を切って歩きだしたら、また迷った。

それでもなんとか店に辿りついて、さまざまなフグ料理をひとりで楽しむ。現地では「ふぐ」は「不具」に通じるということで、縁起をかついで「福」に通じる「ふく」と呼ぶようだ。てっさ、小ふくのからあげ、ふく皮ポン酢とフグ料理三昧を楽しんでから、アワビの刺身も食べた。東京に行くとよくホッピーセットや黒ホッピーセットを飲むのだが、それらがあったので注文する。最近は東京によく行くものの、ホッピーとは長らくご無沙汰だった。そして関西ではホッピーをそうそう見かけない。「江戸の仇を長崎で討つ」ならぬ、「下関で討つ」だ。満足はしたけれども、さすがにフグ料理は値が張る。量がたっぷりではないのに、七〇〇〇円近くかかってしまった。

下関の駅前の一帯を抜けて、安宿に移動する。この街に対するおもなイメージは、明治時代の下関条約や昭和後半のかつてのプロ野球球団で冴えなかった印象の強い大洋ホエールズ（現在の横浜ＤｅＮＡベイスターズ）だったから、僕はかってに下関を「さびれきった場末の港町」とイメージしていた。それなので、駅前から高架橋を歩きながら、この前に中心部がむしろ近未来都市のような外観を呈しているのに、素朴な驚きを得たのだった。

夜の空中を歩きながら街を俯瞰している気分になり、村上春樹が『アフターダーク』の冒頭で「私たち」と称する語り手に、東京の渋谷らしき場所を描写させる場面を思いだした。

> 空を高く飛ぶ夜の鳥の目を通して、私たちはその光景を上空からとらえている。広い視野の中では、都市はひとつの巨大な生き物に見える。あるいはいくつもの生命体がからみあって作りあげた、ひとつの集合体のように見える。無数の血管が、とらえどころのない身体の末端にまで伸び、血を循環させ、休みなく細胞を入れ替えている。新しい情報を送り、古い情報を回収する。新しい消費を送り、古い消費を回収する。新しい矛盾を送り、古い矛盾を回収する。身体は脈拍のリズムにあわせて、いたるところで点滅し、発熱し、うごめいている。時刻は真夜中に近く、活動のピークはさすがに越えてしまったものの、生命を維持するための基礎代謝はおとろえることなく続いている。(村上 2006: 5-6)

夜の闇は深く、到着したホテルは街並みとは対照的に、僕がイメージしていた下関の街どおりの古ぼけた小さなビルに入居していた。しかし、そんなわびしいホテルの部屋で酒

夜の下関

を飲み、ゆっくりと熱い浴槽に浸かったり、冷たいシャワーを浴びたりするのは、なんとも風情を感じる振るまいだった。夜の闇と酒と風呂の嗜癖三重奏だ。

翌朝は早くに起きて、下関から北九州市の小倉へ、さらにそこから熊本に向かう新幹線に乗る。下関駅の切符売り場は小さかったものの、運良く始業直前に着いたため、ほとんど並ばずに済んだ。切符を買って、退出するためにうしろを振りかえると、長蛇の列ができていた。下関駅から小倉駅までは一五分もかからず、興味深く感じる。片や本州の街、片や九州の街なので、このあたりの地理に疎い身としては、もっとずっと離れているものと思っていたのだ。インターネットを調べると、下関都市圏と北九州市都市圏を関門海峡が結んでいるということで、「関門大都市圏」という呼称があることを知った。北九州市には学会に参加するために過去に二回ほど来たことがあるけれど、街を探索する時間がほとんどなく、今回もその機会はない。いつか詳しく探ってみたい。

僕は人生のほとんどの期間を大阪と京都で過ごしてきたものの、父が長崎県の五島列島、母が鹿児島県の奄美大島の出身なので、九州に対してなんとなくの憧れがある。ふたりは大阪に出稼ぎに来て、そこで知りあったのだが、どちらも九州の島嶼部の出身だったので、それがふたりの距離を近づけたのだと思われる。そんなことを考えながら、小倉駅から熊本駅に向かい、そこから新水俣駅へ行って、駅から出たらバスに乗って水俣病資料館に行く。小倉での待ち時間が一時間弱、熊本での待ち時間が三〇分弱、新水俣での待ち時間が一時間強ということで、時間ががばがばに経っていく。ふだんなら読書をしたり、ネットサーフィンをしたりして空き時間を勉強に費やすけれど、今回はそんなことをせず、むしろそのジリジリとした待ち時間を味わおうと考えた。小学生時代の退屈な真夏の日々を再体験したかったのだ。それぞれの駅構内や停留所周辺には、それほど特徴のない、ごくありきたりの日本の風景が広がっていた。それでも八月にふさわしく、空は青く高く澄んで、もくもくした入道雲が空の彼方でどっしりとあぐらをかいていた。それらを見ていると、昆虫採集に明け暮れた少年の日の幸福な時間が思いかえされてくるのだった。

バスに乗って街を観察していると、当然ながら「水俣」という文字がよく眼に飛びこんでくる。バスは狭い道も抜けていく。新しい標識などには特別な感情が湧かなかったけれど、昭和を感じさせられる古めかしい書体で「水俣」とあると、おどろおどろしい印象を抱いた。つまり、水俣病に苦しむ人や狂った猫の写真が与えるようなゾッとする感触があった。文字のありさまが幽霊めいて見えてしまう。それで僕は、そういうふうに考えたくはなかったものの、自分が「水俣」に対して、もちろん正確には「水俣病」に対して、差別意識のようなものを抱いていることを認めざるを得なかった。

一一時一一分ちょうど、ゾロ目の時間にバスが資料館に到着した。海上に現れる不知火（しらぬい）

（蜃気楼的な光学現象）から「不知火海」とも呼ばれる八代海（やつしろかい）が、すぐ隣に青々と広がっている。階段を上って館内に向かう。まずは導入用の映像を二五分鑑賞したのだが、そのあとは二時間もかけて、各展示物についての説明を読みふけってしまった。世に水俣病に関する本はたくさんあるけれど、多すぎてどれから手をつけてよいかわからず、ほとんど読まないままでいた。ウィキペディアに書いてある記事は、あとから読んでみると充分に勉強になると思ったものの、僕には真剣な問題についての知識をネット情報から安易に得るのに抵抗を感じるという保守的な側面があり、水俣病の項目をなかなか読む気にならなかった。それで僕は、水俣病についての網羅的な知識を、初めて水俣病資料館で得ることになったのだった。そこにあったなまなましい資料は、僕を非常に動揺させた。

水俣はいわゆる企業城下町で、中心にある企業チッソの最盛期には、税収の半分がチッソに由来し、市街地の約四分の一がチッソ関連用地だったこと、チッソの発展は水俣市の発展そのものだったことを知った。チッソは一九三二年にアセトアルデヒドの生産を開始し、全盛期には国内の生産量の四分の一から三分の一を供給していたことを知った。水俣病が報告される以前から、水俣市漁業協同組合は異変を訴えてチッソから補償金をもらっていたこと、熊本県が実態調査をしたものの、公にはならなかったことを知った。アセトアルデヒドの生成過程で排出されるメチル水銀に侵されても、魚や貝の味はそれで変わることがないため、猫やカラスの狂死が続いても、なかなか事態の深刻さがわからなかったことを知った。公害という概念がまだなかったので、水俣病は伝染病、風土病、遺伝病などと誤解されて、罹患者たちは強い偏見にさらされたことを知った。チッソ内部でも、猫にメチル水銀をかけたエサを食べさせ、水俣病に共通する症状が発症することを確認した人がいたものの、工場幹部から公表を控えるように指示されたことを知った。水俣湾の漁業が壊滅し、漁民が何度も暴動を起こして抗議したことや、長年にわたって風評被害が払拭されなかったことを知った。水俣病の原因が確定しない段階で、チッソが排水路を変更したことで、汚染地域が拡大したことを知った。被害者たちが苦境を訴えても、チッソのおかげで暮らしている住人が多いために、被害の訴えに反発する者が多く、地域社会が分断されたことを知った。新潟で似たような公害が確認されて、第二水俣病または新潟水俣病と呼ばれ、昭和電工を被告として裁判を起こしたことで、熊本でも水俣病の裁判が始まったことを知った。一九七七年から熊本県が「水俣湾環境復元事業」と称して一三年がかりの埋立工事をおこない、一九九七年にいたって、ようやく水俣湾の安全宣言が出たことを知った。二〇一六年三月末までに、二二八〇人が水俣病の患者として認定され、そのうち一八七四人がすでに亡くなっていることを知った。

展示物と説明板を見終わって、頭がくらくらしてきたので、外に出て敷地内の広い草むらを歩いた。たくさんの赤いトンボが群れをなして滞空している。ナツアカネかアキアカネと思われた。トンボはあちこちに飛びまわらず、滞空飛行をするから、また美しい色彩のものが多いから、少なくとも僕にはなんの不快な印象も与えない。ふと気づいたのは、子どもの頃に昆虫を好んでいたのは、彼らが自閉症的な印象を与えるからだ、ということだった。つまり草むらで小学生の僕は、自分に似ているものたちを孤独に求めていたのだ。そのことを思ってしばらくぼんやりしたあと、スマートフォンを見ると、荻上チキさんがパーソナリティを務めるラジオ番組『荻上チキ・Session』から、宗教2世のための自助グループの主宰者として番組に出演してもらえないだろうか、という依頼が来ていた。残念ながら日時の都合が悪くて断ったのだが、その後はこの番組と何回か関わりを持つようになった。

　バスで水俣駅前の停留所に戻って、チッソの工場を見学しようとしたものの、守衛に止められて、諦めた。当初排水液を垂れながしていた百間（ひゃっけん）排水溝を観に行った。周囲を埋めたてられているから、いまは海岸沿いにではなく街中にポツンとある。数十年前は、このあたりは海だったのだ。そして、この排水溝のために、周囲の土地が埋めたてられ、人々の新しい営みが発生したのだ。ファミリーレストランのガストに行って、遅らせていた昼食を取り、ハイボールを飲んだ。じつにうまい。精神的に打ちのめされ、ぐったりしてい

百間排水溝

たから、なおさら嗜癖がくすぐられる。もう一杯注文して、またグビグビ飲む。料理も酒も、噂には聞いていた猫型配膳ロボットが運んでくる。料理は平板だけれど、まずいとは感じない。

ホテルにチェックインして、ロビーに置いてあるパンフレット類を見ると、マンガ家でイラストレーターの江口寿史が協力したものがあったので、それを取って部屋に入った。ホテルの外観は古いけれども、内装はそんなにオンボロな印象がない。そして、江口が水俣の出身だったことを思いだした。彼の初期のマンガでは、千葉出身だということがよくネタになっていたと記憶するが、水俣出身と明らかにして烙印を押されることへの不安があったのだろうか。もっともウィキペディアには、中学二年生のときに千葉に引っ越したと書かれてあるから、それ以後の精神形成のほうが江口にとってずっと大きかったという可能性もある。いずれにしても、彼は現在では水俣の魅力発信のために貢献していて、何枚ものイラストを書いてきた。一時期、作品が熱烈に好きだった江口への尊敬が湧いてくる。

数年前に熊本県に初めて来て、あのときは熊本市内をいろいろ観光した。その後、水俣を訪れるほんの三ヶ月ほど前にも熊本県を訪れて、阿蘇でフィールドワークを実施した。二〇二二年の暮れから二〇二三年の初めにかけて、オーストリアにあるウィーン大学に滞在して、現地の日本学の状況を調べたところ、スタッフは数年来阿蘇を対象にして日本の農村部の幸福度を調査しているとわかった。それで僕も阿蘇に一度は行っておかないと、彼らの研究内容について紹介できないという問題があった。阿蘇はとても美しかった。ギザギザした山頂の根子岳（ねこだけ）と、周囲の山脈、豊かな水源と、神秘的な神社、トロッコ列車などが青空の下で静かな魅力を放っていた。その三ヶ月のちにまた熊本県に来ることは当初は予定していなかったけれど、僕は不思議なくらい、水俣に来なければならないという使命感のようなものを抱くようになっていた。

夕方が来て、近くの居酒屋に出かける。うまい地酒とうまい魚介類を楽しむ。さっき資料館で、水俣湾の安全宣言について学んだばかりなのに、「この魚は水俣湾で取れたものかな」とささやかな不安が押しよせる。そういう偏見を多くの人が抱いているから、いつまでもこの街で漁業に関わる人たちが苦しむことになるのだと反省し、自分で自分を叱る。

店内では一九七〇年代から一九八〇年代の歌謡曲がつぎつぎにかかっていて、非常に幸せな気分で酒を飲みつつ、出てきた魚料理を楽しんだ。薬師丸ひろ子の「セーラー服と機関銃」、フォーリーブスの「ブルドッグ」、飯島真理の「愛・おぼえていますか」、野口五郎の「私鉄沿線」、うしろ髪ひかれ隊の「ごめんねカウボーイ」、ザ・タイガースの「花の首飾り」。ほとんどは僕自身が子どもの頃に聴いたわけではなく、ある程度成長してから過去の世界を探索するようにして、レンタルショップでCDを借りたり、ラジオ番組を聴いたりして自分なりに「辺境」を開拓して知った曲たちだ。

村下孝蔵の曲が何度か連続で流れた。ぼんやりと店内を観察していると、彼のポスターが貼ってあるのに気づいた。インターネットで調べてみると、村下も水俣出身なのだとわかった。それにしても、客が僕ひとりだったのでスタッフが気を遣ったらしく、二〇分くらいするとブツっと音がして一九九〇年代や二〇〇〇年代の曲ばかり流れるようになって、残念だった。僕の世代にとってはストライクなのだろうけれど、僕自身は同世代の流行歌にほとんど興味を持てずに生きてきた。「もとに戻してください」と言おうかどうか悩みつつ、コミュ障なので黙ったまま聴いていた。我慢して聴いていると、「世代的にはストライク」なだけあって、やはり人生の時々で耳にした曲がいろいろとあり、曲調や世界観は好みでなくても、自分の若かった頃に思いを誘われていく。過去へと心をさらわれるのは、僕にとってはおおむね苦しいことだけれど、やはり何もかもが悪かったわけではない。

ホテルに戻ったあとは、ダラダラと三時間くらいテレビを観た。第六章でも書いたけれど、ふだんテレビをいっさい観ないために、旅行をする際、その土地のテレビ番組を楽しむことに快感を覚える。ただし、テレビの世界に詳しくないので、どの番組がローカル放送のものか全国放送のものか、あまりよくわからない。三時間もテレビを観るのはひさしぶりだ。これでもう今後三年くらいはテレビを観なくても良さそうだと思った。

翌朝、出かけようと着替えをしていると、黒い靴下にクワガタムシのメスががっしりとしがみついていた。湿っていて臭いから、吸いよせられたのだろうか（それがとくに湿っていて臭いとは感じなかったけれど）。取りさろうとしても、しがみついてなかなか離れてくれない。なんとか剥がしたところ、思いきり噛みつかれてしまった。痛い。窓から逃して、野生のクワガタを触ったのは生まれて初めてかもしれないと思った。子どもの頃にカブトムシやクワガタムシに憧れていたけれども、身近には生息していなかったので、ペットショップで買ったやつを飼育していた。コンビニに出かけて、ハムとキュウリのサンドイッチを買って食べ、アイスコーヒーを飲む。じつにうまい。最高の夏の朝だ。

水俣駅前からバスに乗って、資料館の近くにある「エコパーク水俣」と呼ばれる一帯に行く。説明板があって、メチル水銀による汚染がいちばん酷かった海底を埋め立てによって解決したと書いてある。だだっぴろい土地を歩きながら、熱い太陽に焼かれて歩く。真

エコパーク水俣の親水公園

鶴でもそうだったけれど、せめて帽子や日焼け止めクリームを用意すべきところなのだが、発達障害者なので今回も家に忘れてきてしまった。暑すぎてうめきそうになりながら道を歩いていく。倉庫などの殺風景な景色が続き、悪夢のようだ。すると、とつぜん海の光景が開けた。いわゆる親水公園というやつか。海の向こうに恋路島（こいじしま）が見え、記念碑らしきオブジェが立っている。「恋人の聖地」と呼ばれる全国各地にある観光スポットのひとつらしい。一人旅なので、それにはもちろん興味がないにせよ、とにかく景観がすばらしい。形の良い入道雲が置物のように海に近く座っている。

しばらくその景観美を楽しみ、時間を潰して、バスが来る時間を見計らって、昨日も利用した水俣病資料館近くの停留所に行く。バスに乗って新水俣駅に行き、そこから電車で熊本駅へ向かう。さらにバスに乗り換えて、阿蘇くまもと空港をめざす。来るときは鉄道だったけれど、帰りは飛行機だ。じつは倉敷、宇部新川、下関、阿蘇と続いた旅行期間中、空いた時間に『ある大学教員の日常と非日常——障害者モード、コロナ禍、ウクライナ侵攻』（晶文社）のゲラ作業をやっていた。空港にはヤマト便の営業所があるので、そのゲラを担当編集者の安藤聡（あきら）さんに送りかえした。続いて食堂に行って、熊本ラーメンを幸せいっぱいに食べた。五月に来たときに食べて「うまい！」と思い、またいつか食べたいと願ったのが、こんなに早く実現するとは思わなかった。飛行機を待っていると、また『荻上チキ・Session』から出演依頼が来た。今度提案された日時は都合が良かったので、快諾の返事を送った。

書いたあとに

第一二章に記した旅から二ヶ月後、二〇二二年一〇月になると、突如として夜間に何度も眼が覚め、トイレで用を足すことが増えた。深夜に七回、八回と眼が覚めるので、精神生活はあっというまに荒廃した。昼間でも頻尿は変わらない。授業をしていても、一時間半の授業時間の直前に用を足し、直後にも用を足すのだが、どうしても授業中にも一度は用を足さないではいられなくなった。そして喉が渇き、一日に何度も清涼飲料水を飲んだり、アイスクリームを食べたりした。

睡眠のために向精神薬のリスペリドンを服用しているのだけれど、急に耐性がついたのだろうかといぶかしんで、自己判断で服薬量を二倍にした——一応、それが安全な範囲の利用だということはインターネットで調べておいた——が、まるで改善しない。以前診断された睡眠時無呼吸症候群が悪化したのだろうかともいぶかしんだ。耳鼻科のクリニックでそう診断され、そこで紹介された口腔外科のクリニックで睡眠時に装着するマウスピースを作ったものの、自閉スペクトラム症の感覚過敏があるので、人一倍それを不愉快に感じていた。二〇二一年から翌年にかけての冬、ウィーンに滞在したあいだにベルリンに出かけることがあり、その際にホテルに置きわすれてしまい、以来、マウスピースは作りなおしていない。

いろいろ調べているうちに、どうやらこれは糖尿病らしいぞとわかり、この方面に強いらしい内科のクリニックを受診し、実施に診断を得た。厄介そうな1型糖尿病ではなく、2型糖尿病とのことだったけれど、以来、毎日六回も自分の体に針を突きさす生活になってしまった。朝起きたら指を針で傷つけ、出てきた血で血糖値を測る。それから一日持続するインスリン（トレシーバ）を腹に注射する。朝、昼、晩と食事のたびに、先立って食後の血糖値をさげるインスリン（ヒューマログ）を腹に注射する。就寝前に指を針で傷つけ、また出てきた血で血糖値を測る。もちろん、これまでのように砂糖たっぷりの嗜好品は控えなければならなくなったし、炭水化物にも注意しなくてはならない。飲酒は禁止ではないけれど、ビール、ワイン、日本酒などの糖質が高いものは原則として避けることになった。

僕は半狂乱になり、できればヴィクトル・ユゴーの『ノートル＝ダム・ド・パリ』の「せむし男」カジモドが、いなくなったジプシーの娘エスメラルダを恋焦がれたときのように、暴れまわりたかった。

> とつぜん、怒り狂ったように松明を足で踏みにじり、ひとことも言わず、溜息ひとつもらさず、全速力で壁に走りよって、頭をうちつけたかと思うと、気を失って敷石の上に倒れてしまった。／われにかえると、ベッドに身を投げ、その上をころげまわって、眠っていた娘の体の暖かみがまだ残っているあたりに、狂ったようにキスした。息も絶えだえなありさまで、しばらくそこにじっとしていたが、やがてまた汗みどろになって立ちあがり、ハーハー息をきらし、狂ったようになって、あの鐘の舌（ぜつ）の動きのように、恐ろしいほど規則正しく頭を壁にうちつけはじめた。まるで、頭をぶつけて砕いてしまおうという決心をしたようだった。とうとう、力が尽きて、また倒れてしまった。やがて、膝を引きずりながら外に這い出して、きょとんとした顔つきで扉の前にうずくまった。こうして、ちっとも身動きをせず、人けのない部屋をながめたまま、一時間以上もじっとしていた。（ユゴー 2016: 537）

僕は診断された翌日、京都国立近代美術館に行って、「ルートヴィヒ美術館展」を鑑賞した。ドイツのケルンから来たコレクションなのだが、以前ケルンで観る機会を逃していた。糖尿病の診断を受けて気落ちしたということもあり、今後の人生で嗜好品が制限されるようになったので、嗜癖的な満足感を得られる別のものに依存したいという欲求が心のなかに渦巻いていた。

予想に反して、コレクションの充実度に圧倒された。敬愛するアンディ・ウォーホルの「ペーター・ルートヴィヒの肖像」や「二人のエルヴィス」、へなちょこな筆使いが愛らしいマックス・ベックマンの「恋人たち」、マックス・ペヒシュタインのピンクが美しい「緑の家」、オットー・ミュラーのポール・ゴーギャンとエルンスト・ルートヴィヒ・キルヒナーの様式を掛けあわせたかのような「殺害」、マックス・ベックマンの躍動感あふれる「恋人たち」、ヴィリ・バウマイスターのヘタウマタンガのような「立つ人物と青色の面」、ピカソ的だけど風格を感じさせるナターリヤ・ゴンチャローワの「オレンジ売り」、ジョゼフ・アルバースの男性的で優しい「正方形へのオマージュ：緑の香」。ゲオルク・バゼリッツの「鞭を持つ女」やペーター・ヘルマンの「ロト（燃えるドレスデン）」は、グロテスクな怪奇マンガのようだった。

写真も良いものが揃っていた。ハインツ・ハーイェク＝ハルケの多幸感あふれる「メトロポリスのエンターテイメントの渦」、ヴェルナー・マンツの巨大ロボットの基地のような「「プレッサ」展におけるケルン新聞のパヴィリオン」。アウグスト・ザンダーの「菓子職人」では、太って禿げたおじさんが菓子作りの途中でギョロリとこちらを見つめている。

ホルスト・パウル・ホルストによる女性の露出した背中が美しい「マンボッシェのコルセット」。ヘルベルト・リストの隠れた顔が美しさを高めている「リカヴィトス」、少女たちの民族衣装の美しさと陽気さが心に残るゲオルギ・ゼルマの「村祭りと荷馬車」、過剰なほどの健康感があるアルカジー・シャイヘトの「身体の鍛錬(朝の体操)」。ほかにはマン・レイの「ジャン・コクトーの肖像」やギュンター・ユッカー「大きな螺旋Ⅰ(黒)と大きな螺旋Ⅱ(白)」など。

そのあと、この美術館の固有のコレクションも楽しんだ。好みの美術品を浴びるように見ると、脳からドーパミンが脳内麻薬として溢れているのを感じる。松本俊彦さんは依存症とは「脳がハイジャックされた状態」だと語るけれど(松本 2021: 62)、僕は美術鑑賞をしていても、まさにそのようなパニック状態に陥ってしまう。そのドーパミンのどぱどぱ状態を再体験したいと思って、体が操られていく。

自閉スペクトラム症と注意欠如多動症を診断され、依存症専門外来に通い、ほかに緑内障の治療にも通っているのに、新たに糖尿病まで診断された。完治はしたけれど、近過去に未破裂脳動脈瘤を発見された。治療を放置状態の睡眠時無呼吸症候群を抱えている。僕はもはや健康な人間とは言えない。これらのうち、三九歳までに診断されたものは、ひとつもなかった。四〇歳を過ぎてから三年のうちに、こんなにも病気だらけになってしまった。今後、さらにいろいろと診断されていくものと予想される。

そんな状況だから、僕は以前はまったく興味のなかった「ウェルビーイング」という言葉に、急速に関心を高めるようになっている。ウェルビーイングとは何か。一九四八年に出された世界保健機関（WHO）の憲章には「健康とは、病気でないとか、弱っていないということではなく、肉体的にも、精神的にも、そして社会的にも、すべてが満たされた状態にあることをいいます」と書かれている（日本WHO協会2021）。このうちの「満たされた状態」の原文が〈well-being〉なのだ。ポジティブ心理学の分野では、エド・ディーナーによって「主観的ウェルビーイング」という概念が提唱され、個人の心のうちでの「幸福感」が議論されるようになってきた。マイテ・ガライゴルドビルは、その幸福感の決定要因について、つぎのように要約している。

> ピアソン係数によると、幸福感がより高い青年は、精神病理学的症状（精神の身体症状化、強迫観念による衝動、対人過敏、抑鬱、不安、敵意、恐怖症的不安、妄想的想念、精神病的傾向など）がより少なく、行動上の問題（学校や大学での問題、反社会的行動、内気や引きこもり、精神病理学的なもの、心身医学的なもの）がより少なく、高い社会的適応力、高い自己肯定感ないし自尊心や、多

くの協調的行動、多くの適切な社会スキル、少ない否定的社会スキル（不適切な自己主張、衝動性、嫉妬による引きこもり）を示した。重回帰分析の結果、幸福感をもたらしうる変数として、高い自己肯定感、抑鬱兆候の少なさ、協調的な行動の多さ、自尊心の高さ、精神病的傾向の少なさの5つが特定された。(Garaigordobil 2015, 1176)

つまり、主観的ウェルビーイングないし幸福感は、高い自己肯定感と、抑鬱兆候の少なさと、協調的な行動の多さと、自尊心の高さと、精神病的傾向の少なさに決定されるということだ。しかし発達障害者は、発達障害者を無視して構築された社会のなかで生きざるをえないように強いられている。多数派とは脳神経の性状が異なっている――脳の多様性を生きている――ために、多数派と協調性を維持することは困難に属する。ここから発達障害者の自己肯定感あるいは自尊心は低くなり、抑鬱の兆候は高まり、精神病――二次障害として発生する――に囚われやすい。ガライゴルドビルによる先の要約は、彼女自身は意図していないとしても、現行の社会で発達障害者が幸福感、つまり主観的ウェルビーイングを得ることが困難だということを説明してくれている。実際、先に提示した本書で僕が提示してきた記録の数々は、幸福感あるいは主観的ウェルビーイングをめざしてもがきつつ、それが容易には叶えられないために嗜癖に耽溺し、真の幸福は得られるに至っていないことを示したものと見ることができるはずだ。

僕の旅行記は、僕がマインドワンダリングとマンドフルネスのあいだを何度も揺れうごいている様子を示していると思う。マインドワンダリングとは心がさまざまなものに攫われ、さまよって動くことを、マインドフルネスとは心が「いま・ここ」へと定まっていることを意味する。ところでマインドワンダリングは不幸感をもたらすことが知られていて（Killingsworth / Gilbert 2010, 932）、他方でマインドフルネス――たとえばマインドフルな瞑想によって中枢神経系（脳／心）と自律神経系（体／生理）の両方を調律する統合的心身訓練（Integrative Body-Mind Training, IBMT）――は、心理的な幸福感を向上させ、感情、認知、行動に肯定的な結果をもたらすことが知られている（Tang et al. 2019, 237）。僕の主観的ウェルビーイングは、幸福な世界と不幸な世界を行き来している。つまり、僕は決定的な不幸にも転落していないものの、安心できる幸福にも到達していず、その宙ぶらりんの中間を生きている。

僕は現在、京都府立大学の常勤教員として、ある程度は安定した収入を得ていて、それは明らかに僕をウェルビーイングに近づけているだろう。二〇代の終わりまでは貧困に喘いでいたものの、その状況は克服された。それにもかかわらず、幸福感は収入に比例するわけではない。より多くの所得がより多くの幸福を実現するという局面もたしかに存在しているが、所得が増加するとともに一般に願望も成長するため、ライフサイクル全体のなかでは、より多くの所得をもってしても幸福感は獲得されなくなるという指摘もある(Easterlin 2001, 465–484)。

この状況で主観的ウェルビーイングを実現するにはどのようにすれば良いのか、と僕は悩んでしまう。イギリスの国営医療サービス事業機関にあたる国民保健サービスは、心のウェルビーイングを得る方法として、以下の五点を挙げている。

一、現実で他者とつながること。家族や隣人と時間をかけて交流する、しばらく会っていない友だちと食事をする。
二、体を活発に動かすこと。それによって脳に化学変化が起きる。学校や仕事の行き帰りに歩くようにするなど、無料で簡単な活動でも良い。
三、スキルを得ようと学ぶこと。料理、身近な壊れたものの修理、絵を描く、ブログを書くなど。自己肯定感があがり、他者とも繋がる。
四、他者に与えること。感謝を示す、周囲の人の気分や体調に配慮する、ボランティア活動など。

五、現在の瞬間に意識を向けること（マインドフルネス）。人生をもっと楽しみ、自分自身をもっと理解して、感じ方や挑戦の仕方を変える。

（NHS 2019、ただし独自に編集を加えた）

これらの考えを利用することで、精神面での「生活の質」（QOL）を上げていくことが、ウェルビーイングの上昇につながるということは、容易に理解できる。「一」は人間関係が、「二」は身体運動が、「三」は目標に向けた努力が、「四」は利他の精神が、「五」は「いま・ここ」に集中することが、幸福感を高めるということだ。僕の場合、発達障害の仲間たちとつながっているけれど、それ以外の人間関係は貧弱で、発達性協調運動症があるために体を動かすのはやりたくなく、目標のために頑張るのは得意だけど、人生に大きな希望はなく、自助グループをつうじて利他の精神を発揮しているけれど、日常生活ではいかに自閉スペクトラム症者らしく他人への配慮ができず、「いま・ここ」に集中することもあるものの、注意欠如多動症者として、同じくらい頻繁にマインドワンダリングに溺れる。

そのようなわけで、嗜癖的な活動や物質に頼らないではいられない。依存症専門外来に通ってはいても、糖尿病の診断を新たに受けたとしてもだ。

あとがき

僕は本書を『イスタンブールで青に溺れる』と『ある大学教員の日常と非日常』に続く「当事者紀行三部作」の完結編と考えている。

当事者紀行とは、自分の旅行体験を当事者研究の知見を交えて考察すると、どのようなことがわかるかを記したもので、僕自身が初めて開いたジャンルと言える。『イスタンブールで青に溺れる』は、おおむね一〇年以上前の海外旅行に焦点を当てた。『ある大学教員の日常と非日常』は、二〇二一年末から二〇二二年にかけての海外出張を含む一年間に焦点を当てた。そして本書では、最近の数年間の国内旅行に焦点を当てた。三冊それぞれ趣向を変えながら書いたため、できれば読みくらべて、それぞれの本でどんな挑戦がされているのかを考えてくださると、たいへんうれしい。

外国語文献の引用に関しては、『みんな水の中』ではほぼすべて拙訳によっていた。『イスタンブールで青に溺れる』と『ある大学教員の日常と非日常』では、先人たちの既訳をたっぷり活用した。本書では第一部では原則として拙訳を、第二部では原則として既訳を使っている。自分で訳すことで自分の精神的回復に役立つという面もあるけれど、他方で既訳を使うことで、自分の本のなかで他者の声をさまざまに響かせることにも興味がある。本書はその両方の特徴を兼ねそなえた本として特徴的だと思っている。

本書は『発達界隈通信——ぼくたちは障害と脳の多様性を生きてます』（教育評論社）と同じく、小山香里さんに編集していただいた。本書が魅力的な本に仕上がっているならば、多くは小山さんのおかげだと思う。装画には、以前から交流がある美術家の山下雅己さんの絵画を使用させていただいた。僕の紀行ものにふさわしい怪奇感を表現しているはずだ。装丁は『発達界隈通信』と同じく鳴田小夜子さんのお世話になって、僕の文章と写真、山下さんの絵をすてきに処理していただいた。読んでくださった読者のみなさんにも深く感謝する。

二〇二三年七月

横道誠

◎参考文献

アーリ、ジョン／ラースン、ヨーナス『観光のまなざし』増補改訂版、加太宏邦（訳）、法政大学出版局、二〇一四年
東浩紀『観光客の哲学（ゲンロン0）』、ゲンロン、二〇一七年
安部慎一「自分の心を信じるということ」、『麦畑野原――鈴木翁二作品集』、鈴木翁二（著）、而立書房、一九七八年、二六二－二六三ページ
安房直子『うさぎのくれたバレエシューズ』、南塚直子（絵）、よみきかせ大型絵本、小峰書店、二〇〇四年
井口海仙／久田宗也／中村昌生（編）『京の茶家』、墨水書房、一九六九年
井口和起／上田純一／野田浩資／宗田好史『京都観光学のススメ』、人文書院、二〇〇五年
石原吉郎『続・石原吉郎詩集』、思潮社、一九九四年
オーウェル、ジョージ『ジョージ・オーウェル日記』、ピーター・デイヴィソン（編）、高儀進（訳）、白水社、二〇一〇年
大江健三郎『大江健三郎全小説3』、講談社、二〇一八年
小川環樹／山本和義（選訳）『蘇東坡詩選』、岩波文庫、一九七五年
長田弘『最後の詩集』、みすず書房、二〇一五年
上出遼平『ハイパーハードボイルドグルメリポート』、朝日新聞出版、二〇二〇年
上村勝彦（訳）『バガヴァッド・ギーター』、岩波文庫、一九九二年
上村勝彦（訳）『マハーバーラタ――原典訳』、ちくま学芸文庫、二〇〇二年

河上徹太郎（編）『萩原朔太郎詩集』、改版、新潮文庫、二〇〇四年
北園克衛『北園克衛全詩集』新装版、藤富保男（編）、沖積舎、二〇一七年
日下部吉信『初期ギリシア自然哲学者断片集一』、ちくま学芸文庫、二〇〇〇年
郡司ペギオ幸夫／宮台真司「【イベントレポート】トークイベント「ダサカッコワルイ世界へ」文字起こし④」、DAIKANYAMAT-SITE、二〇二〇年（https://store.tsite.jp/daikanyama/blog/humanities/17529-1821421204.html）
小池昌代（編）『吉野弘詩集』、岩波文庫、二〇一九年
ステープルドン、オラフ『スターメイカー』、新装版、浜口稔（訳）、国書刊行会、二〇〇四年
サイード、エドワード『知識人とは何か』、平凡社、一九九八年
最果タヒ『恋人たちはせーので光る』、リトルモア、二〇一九年
佐竹昭広／山田英雄／工藤力男／大谷雅夫／山崎福之（校注）『万葉集』第1巻、岩波書店、二〇一三年
シェイクスピア『マクベス』、松岡和子（訳）、ちくま文庫、一九九六年
清水好子（校注・訳）『日本古典文学全集八――竹取物語　伊勢物語　大和物語　平中物語』、小学館、一九七二年
眞宗聖教全書編纂所『真宗聖教全書』第二巻（宗祖部）、興教書院、一九四〇年
スタンダール『恋愛論』上、杉本圭子（訳）、岩波文庫、二〇一五年
ソロー、ヘンリー『ソロー日記 夏』、H・G・O・ブレーク（編）、山口晃（訳）、彩流社、二〇一五年
道元『正法眼蔵（一）全訳注』、増谷文雄（全訳注）、講談社、二〇〇七年
中村佑子『マザリング――現代の母なる場所』、集英社、二〇二〇年
ナジャヴィッツ、リサ・M『トラウマとアディクションからの回復――ベストな自分を見つけるための方法』、近藤あゆみ／松本俊彦（監訳）、浅田仁子（訳）、金剛出版、二〇二〇年

日本WHO協会「世界保健機関（WHO）憲章とは」、日本WHO協会、二〇二二年（https://japan-who.or.jp/about/who-what/charter/）※西暦は閲覧年
白居易『白居易集箋校二』、朱金城（箋校）、平装、上海古籍出版社、一九八八年
ヒーニー、シェイマス『人間の鎖』、坂本完春／杉野徹／村田辰夫／薬師川虹一（訳）、国文社、二〇一三年
ベンヤミン、ヴァルター『ベンヤミン・コレクション1　近代の意味』、浅井健二郎（編訳）、久保哲司（訳）、筑摩書房、一九九五年
ベンヤミン，ヴァルター『パサージュ論』第三巻、今村仁司／三島憲一／大貫敦子／高橋順一／塚原史／細見和之／村岡晋一／山本尤／横張誠／與謝野文子／吉村和明（訳）、岩波書店、二〇二一年
松本俊彦「心はなぜアディクションに捕捉されるのか――痛みと孤立と嘘の精神病理学」、『アディクション・スタディーズ――薬物依存症を捉えなおす13章』、松本俊彦（編）、日本評論社、二〇二〇年、一二一–二五ページ。
松本俊彦『世界一やさしい依存症入門――やめられないのは誰かのせい？』、河出書房新社、二〇二一年
宮澤賢治『新校本宮澤賢治全集』第二巻（詩［I］本文篇）、筑摩書房、一九九五年
村中直人『ニューロダイバーシティの教科書――多様性尊重社会へのキーワード』、金子書房、二〇二〇年
ユゴー『ノートル＝ダム・ド・パリ』下巻、辻昶、松下和則（訳）、岩波文庫、二〇一六年
横道誠「当事者研究、脳の多様性、間テクスト性、芸術効果、心的外傷後成長――自己エスノグラフィーに依拠して」、『パハロス』一号、エスノグラフィーとフィクション研究会（編）七七–一四七ページ、二〇二〇年 a

横道誠「南太平洋地域の神話的空間――ルイ・アントワーヌ・ド・ブーガンヴィルからゲオルク・フォルスターへ」、『神話と昔話・その他GRMC二〇二〇』、篠田知和基（編）、楽浪書院、二〇二〇年b、一〇九―一二〇ページ

横道誠「『みんな水の中』以後の日常」（「発達界隈通信！」第一四回）、『かんかん！ 看護師のためのwebマガジン』、二〇二一年a（http://igs-kankan.com/article/2021/05/001316/） ※公開終了

横道誠『みんな水の中――「発達障害」自助グループの文学研究者はどんな世界に棲んでいるか』、医学書院、二〇二一b

横道誠「文学と脳の問題」、『文學界』二〇二一年七月号、文藝春秋、二〇二一年c、二九二―二九三ページ

横道誠『イスタンブールで青に溺れる――発達障害者の世界周航記』、文藝春秋、二〇二二年a

横道誠『ある大学教員の日常と非日常――障害者モード、コロナ禍、ウクライナ侵攻』、晶文社、二〇二二年b

吉岡実『吉岡実全詩集』、筑摩書房、一九九六年

ラルボー、ヴァレリー『A・O・バルナブース全集』下巻、岩崎力（訳）、岩波文庫、二〇一四年

劉慈欣『三体』、大森望／光吉さくら／ワン・チャイ（訳）、早川書房、二〇一九年

レム、スタニスワフ『ソラリスの陽のもとに』、飯田規和（訳）、ハヤカワ文庫、一九七七年

Diderot, Denis, *Entretien entre d'Alembert et Diderot, Le rêve de d'Alembert, Suite de l'entretien*. Édition établie par Jacques Roger. Paris (Flammarion), 1965

Easterlin, Richard A., "Income and Happiness: Towards a Unified Theory," *The Economic Journal* 111 (473), 2001, pp. 465–484

Forster, Georg, *Reise um die Welt.* (Georg Forsters Werke. Sämtliche Schriften, Tagebücher, Briefe.) Bearbeitet von Gerhard Steiner. 2 Bde. Berlin (Akademie), 1965

Forster, Georg, *A Voyage Round the World.* (Georg Forsters Werke. Sämtliche Schriften, Tagebücher, Briefe.) Bearbeitet von Robert L. Kahn. Berlin (Akademie), 1968

Garaigordobil, Maite, "Predictor Variables of Happiness and Its Connection with Risk and Protective Factors for Health," *Frontiers in Psychology* 6, 2015, p. 1176.

Goethe, Johann Wolfgang von, *Romane und Novellen.* Textkritisch durchgesehen von Erich Trunz, kommentiert von Erich Trunz und Benno von Wiese. (Goethes Werke: Hamburger Ausgabe in 14 Bänden.) Neubearbeitete Auflage. München (C. H. Beck) , 1981

Grimm, Brüder, *Kinder- und Haus-Märchen.* Gesammelt durch die Brüder Grimm. Berlin (Realschulbuchhandlung), 18–2

Kacian, Jim / Rowland, Philip / Burns, Allan (ed.), *Haiku in English: The First Hundred Years.* With an introduction by Billy Collins and a historical overview by Jim Kacian, New York / London (W.W. Norton and Company), 2013

Killingsworth, Matthew A. / Gilbert, Daniel T., "A Wandering Mind Is an Unhappy Mind," *Science* 12 Nov 2010, 330 (6006), p. 932

Musil, Robert, *Der Mann ohne Eigenschaften. Roman.* (Gesammelte Werke. Bd. 2.) Hrsg. von Adolf Frisé. Reinbek bei Hamburg (Rowohlt), 1978

Najavits, Lisa M. / Walsh, Maryveth, "Dissociation, PTSD, and substance abuse: An empirical study," *Journal of Trauma & Dissociation,* 13 (1), 2012, pp. 115–126

NHS, "5 Steps to Mental Wellbeing," NHS, 2022（https://www.nhs.uk/mental-health/self-help/guides-tools-and-activities/five-steps-to-mental-wellbeing/） ※西暦は閲覧年。

Rimbaud, Arthur, *Poésies; Une saison en enfer; Illuminations.* Préface de René Char, édition établie et annotée par Louis Forestier. Paris (Gallimard), 1999

Tang, Yi-Yuan / Tang, Rongxiang / Gross, James J., "Promoting Psychological Well-Being Through an Evidence-Based Mindfulness Training Program," *Frontiers in Human Neuroscience* 13, 2019, p. 237

Vonnegut, Kurt, *Slaughterhouse-Five, or, The Children's Crusade: A Duty-Dance with Death.* New York (Dell), 1991

◎画像提供・協力

鹿苑寺
大徳寺
清水寺
本願寺
北野天満宮
二条城
大阪護国神社
海遊館
まんだらけ中野店
福井県立恐竜博物館
氷川神社

横道誠（よこみち・まこと）

京都府立大学文学部准教授。1979年生まれ。大阪市出身。京都大学大学院人間・環境学研究科研究指導認定退学。文学博士（京都大学）。専門は、文学・当事者研究。最近は、余暇の多くを「発達仲間」との交流や自助グループの運営に充てている。
著書に、『みんな水の中──「発達障害」自助グループの文学研究者はどんな世界に棲んでいるか』（医学書院）、『唯が行く！──当事者研究とオープンダイアローグ奮闘記』（金剛出版）、『イスタンブールで青に溺れる──発達障害者の世界周航記』（文藝春秋）、『発達界隈通信──ぼくたちは障害と脳の多様性を生きてます』（教育評論社）、『ある大学教員の日常と非日常──障害者モード、コロナ禍、ウクライナ侵攻』（晶文社）、『ひとつにならない──発達障害者がセックスについて語ること』（イースト・プレス）、編著に『信仰から解放されない子どもたち──＃宗教2世に信教の自由を』（明石書店）、『みんなの宗教2世問題』（晶文社）など。

解離と嗜癖　孤独な発達障害者の日本紀行

2023年9月13日　初版第1刷発行

著　者　横道　誠
発行者　阿部黄瀬
発行所　株式会社　教育評論社
〒103-0027
東京都中央区日本橋3-9-1 日本橋三丁目スクエア
Tel. 03-3241-3485
Fax. 03-3241-3486
https://www.kyohyo.co.jp
印刷製本　株式会社 シナノパブリッシングプレス

定価はカバーに表示してあります。
落丁本・乱丁本はお取り替え致します。

ISBN 978-4-86624-087-9